Hinter den Scheiben der Broiler-Bratküchen drehen sich die goldbraunen Vögel
aufreizend langsam um ihre eigene Achse und wenn die Tür aufgeht,
streicht ein Duft wie aus den Küchen der Märchen über die Großstadtstraße.

Aus „Hühnchen und Kaninchen",
Verlag für die Frau, 1969

EssKULTur

Der Goldbroiler

Rezepte · Tipps · Geschichten

Ute Scheffler
Dieter Heck

BuchVerlag
für die Frau

ISBN 3-89798-042-8

© BuchVerlag für die Frau GmbH, Leipzig 2001

Layout, Umschlaggestaltung, dtp-Satz:
Dr. Scheffler & Partner, Leipzig
Fotos: Dieter Heck, Erfurt; Helke Hofmann, Erfurt;
Deutsches Landwirtschaftsmuseum, Markkleeberg;
Archiv BuchVerlag für die Frau GmbH, Leipzig
Druck: Salzland Druck GmbH & Co. KG, Staßfurt
Bindearbeiten: Leipziger Großbuchbinderei GmbH
Printed in Germany

Inhalt

5

Hähnchen oder Broiler

Eine Legende feiert Auferstehung. Hamburger, Döner und China-Pfanne zum Trotz ist es wieder da: das knusprige Hähnchen mit dem seltsamen Namen, das einst hungrige DDR-Bürger von Rostock bis Suhl sättigte. Nicht nur im Supermarkt begegnet man ihm, auch so mancher Imbiss zwischen Berlin und Rostock hat ihn im Angebot: den Broiler. Den einzig wahren, den **Gold**broiler, den jedoch gibt es nur bei Dieter Heck in Erfurt. Der Name ist geschützt - für 10 Jahre darf in Deutschland nur der umtriebige Meister des knusprigen Hähnchens den kultträchtigen Namen verwenden. Um so dringender die Frage: Was macht das gemeine Haushuhn zum Goldbroiler? Wieso eigentlich schmeckt jener so lecker und dieses oft nach nichts? Wie gelingt der goldene Broiler am besten? Ist Huhn gleich Hähnchen und Hähnchen gleich Hahn - liegt es am Grill oder an der Würzmischung oder woran denn nun? Versuchen wir, dem Geheimnis auf die Spur zu kommen.

6

aufgegriffen

Die sechziger Jahre gehen gerade zu Ende, als ein neues Tier seinen Siegeszug durch die DDR antritt: der „**Goldbroiler**". Sein Leben beginnt bei KIM, den Kombinaten für Industrielle Mast, als ordinäres Hähnchen. Dort dauert sein wahrlich nicht bequemes Dasein 50 Tage. Danach endet das arme Tier gerupft und gesalzen wie jedes Huhn im Topf. Doch halt! Unser junger Hahn erfährt eine erstaunliche Verwandlung. Besonders zart, lecker gewürzt und mit knuspriger Kruste feiert er Auferstehung als Goldbroiler in den gleichnamigen Schnellrestaurants. Er wird geliebt, vergöttert, begehrt und verzehrt. Er bringt es gar - wie sich Jahrzehnte später beweisen wird - zu unsterblichen Ehren. Es kann nur einen geben. Weil gegrilltes Huhn eben nicht gleich gegrilltes Huhn ist. Broiler wird ohnehin nur, wer von sich behaupten kann, ein junger Hahn zu sein, maximal 1.200 g schwer, doch nie weniger als 1.000 und von besonders zarter Beschaffenheit.

Es gibt wenige Speisen, die DDR-Bürger landauf, landab mögen. Welcher Thüringer verzichtet schon zugunsten einer Rostocker Fischsemmel auf seine heißgeliebte Rostbratwurst? Und welcher Sachse tauscht sein Schälchen Heeßen (für alle Nichtsachsen „Kaffee") gegen Berliner Weiße? Der golden knusprige Broiler jedoch einte die sozialistische Menschengemeinschaft auch geschmacklich. Selbst nach dem Ende von DDR und Gemeinschaftsverpflegung ist der wahre ehemalige DDR-Bürger sich mit seinen ehemaligen Landsleuten einig: Goldbroiler bleibt Goldbroiler und kein Grillhuhn wird ihn je erreichen! Denn die Hühner vom Imbisswagen sind es nicht einmal wert, mit ihm verglichen zu werden. Er riecht leckerer, schmeckt leckerer, ist einfach leckerer. Vergessen die Zeiten, da man ihn weniger liebevoll als Gummiadler ver-unglimpfte und dennoch mit Leidenschaft verspeiste. Damals, in der Broilerbar, gab es das schmackhafte Tier mit Brot oder Pommes, bei der Aeroflot immer mit jungen Erbsen und zu Hause desöfteren mit Letscho, jenen nicht minder kultigen Paprikastreifen in Tomatensauce.

8

Er ist Mittag- oder Abendessen, Grundlage verschiedener weiterer Gerichte von Suppe über Salat bis zum Festtagsbraten und er schmeckt in hunderten von Varianten. 50 stehen hier zur Wahl. Vertraute wie zu unrecht vergessene, wiedergefundene und neu erprobte. Schließlich kann ja auch ein ökologisches Hof- und Wiesenhuhn mit der richtigen Würze versuchen, dem bislang Unerreichten nachzueifern. Wir können eben von unseren Vorlieben nicht lassen - Brathähnchenfix zum Trotz!

„Mit einem zarten Hähnchen holt man sich immer einen verlockenden Braten ins Haus",
kann man Anfang 1968 in einem Ratgeberheft für die Hausfrau nachlesen. Da gehören
die nur wenige Jahre später so beliebten Broilerbars noch nicht zum alltäglichen Straßenbild.
Wer Hähnchen mag, muss sich schon selbst bemühen. Auch der Elektrogrill hat seinen
Siegeszug noch nicht angetreten. Empfohlen wird ein Grillgerät, das sicherlich mit ent-
sprechenden Beziehungen im Handel zu haben war und doch
irgendwie „selbstgebastelt" anmutet. Es wird in die Gas- oder
Elektrobratröhre geschoben, der arme Hahn wird aufgespießt, dann wird eine Schale mit Wasser gefüllt und
der Spieß per Hand (mit der freundlichen Bemerkung:
„Vorsicht, es ist sehr heiß") alle 10 Minuten gedreht.
Wenn Hahn und Köchin diese Prozedur überstanden
haben, kommt nach 30 bis 40 Minuten ein knuspriges
Hähnchen auf den Tisch. Dem fehlt zwar die unerreichte
geheimnisvolle Würze des Goldbroilers. Doch gegrillt ist es immerhin. Für die damals noch
recht konventionelle DDR-Frau ein entscheidender Schritt. Endlich hat das schmackhafte
Tier den Schmortopf verlassen und sich aus der mehlgebundenen Bratensoße befreit. Da
hing es nun am Spieß, verführerisch duftend und zum Anbeißen schön. Kein Wunder, dass
Grillrezepte von nun an Hochkonjunktur haben. Kein Wunder auch, dass die Hühner bald
zum Engpass wurden. Da musste Abhilfe geschaffen werden! „KIM", die Krone genossen-
schaftlicher Tierproduktion, erblickte das Licht des Sozialismus. Nun wurden Hühnchen wie
Hähnchen industriell gemästet und... klar, die einen lieferten Eier für so beliebte Aktionen
wie „Nimm ein Ei mehr", die anderen das Fleisch für Broiler und Co.

10

Hähnchen am Spieß

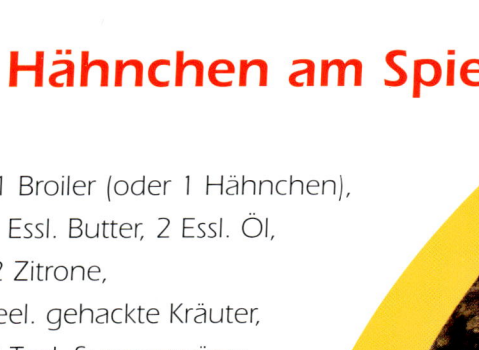

1 Broiler (oder 1 Hähnchen),
2 Essl. Butter, 2 Essl. Öl,
1/2 Zitrone,
1 Teel. gehackte Kräuter,
1/2 Teel. Suppenwürze,
Edelsüßpaprika,
Thymian, Salz

Die Butter zerlassen, mit
Zitronensaft, gehackten
Kräutern, 1 Teelöffel
Edelsüßpaprika, Suppen-
würze, etwas Thymian und
Salz abschmecken und das
ausgenommene Hähnchen
innen und außen mit dieser warmen Würzbutter bestreichen.

Das Hähnchen auf dem Spieß des Haushaltgrills befestigen, etwa 35 Minuten grillen.
Dabei das Hähnchen ab und zu mit dem Rest der Würzbutter und etwas Öl bestreichen.
Das Hähnchen soll innen sehr saftig und außen knusprig braun sein. Dazu passen Pommes
frites, aber auch frisches Weißbrot oder Toast und ein bunter Salat.

Natürlich ist ein gegrilltes Hähnchen keine Erfindung der Neuzeit - höchstens das Wort „grillen" ist neueren Datums. Die Zubereitungsart haben jedoch mit Sicherheit schon unsere mammutjagenden Vorfahren gekannt. Hühner dürften dabei allerdings selten auf ihren Bratspießen gelandet sein. Wie so oft verdanken wir auch diese leckere Speise den Asiaten. Die begannen schon vor etwa 4500 Jahren das rote Dschungelhuhn - die Mutter aller späteren Hühner und Hähnchen - im Indus-Tal zu domestizieren. Auch die Ente entstammt der asiatischen Fauna und ist seit mehr als 2000 Jahren Chinas beliebtester Speisevogel... Doch zurück zu unserem Broiler. Eines ist schon mal sicher, erst als das gemeine Haushuhn in der Mastanlage landete, wurde es zum Broiler. Wir wollen hier nicht über industrielle Geflügelmast richten - doch wenn man heute liest, dass teilweise zwischen einer halben bis zu einer Million Hühner und Hähnchen in einer Anlage gemästet wurden, kann man eigentlich nur zum Vegetarier werden. Und sich wundern, dass damals kaum die Rede war von Hühnerpest und Salmonellen. Die Hygienebestimmungen waren streng und wurden - wie vieles andere auch - auf das energischste kontrolliert.

12

Einkaufstipps und Lagerung

Heute hat man die Auswahl zwischen Hühnern und Hähnchen verschiedener Gewichts- und Altersklassen, unterschiedlicher Herkunft und Mast. Wer dem wahren Broilergeschmack auf der Spur ist, muss sich für ein junges Hähnchen entscheiden. Natürlich schmeckt frisches Geflügel besser als gefrorenes - aber bei richtiges Zubereitung ist gegen den gefrorenen Broiler nichts einzuwenden. Auch zu DDR-Zeiten lagen sie zumeist in der Tiefkühltruhe, bevor sie auf den Grill wanderten.

Achten Sie auf Handelsklasse A. So wird in Deutschland Geflügel bester Qualität gekennzeichnet: vollfleischig, sehnenarm und mit gleichmäßigem Fettansatz. Was diesen Ansprüchen nicht genügt, wird als B-Ware eingestuft. Ein weiterer Punkt für gute Qualität ist das CMA-Güte-siegel. Hier werden nicht nur Fleischqualität, sondern auch hygienische Kriterien bewertet - übrigens bei Frisch- wie Tiefkühlware gleichermaßen.

Heute werden Hähnchen oder Brathähnchen im Alter zwischen 7 und 10 Wochen vor der Geschlechtsreife geschlachtet und bringen mit Hals und Innereien etwa 700 bis 1.150 g auf die Waage. Für einen echten Broiler ein bißchen wenig, von der Fleischbeschaffenheit jedoch gerade richtig.

Achten Sie vor allem bei Frischgeflügel unbedingt auf den richtigen Transport und eine gute Lagerung. Geflügel muss nach dem Einkauf so schnell wie möglich kühl gelagert werden. Am besten eine Kühltasche mit Akkus mitnehmen und das Hähnchen als Letztes kaufen. Lassen Sie es im Sommer nicht stundenlang im Auto liegen. Je länger es Temperaturen zwischen 10° C und 30° C ausgesetzt ist, desto größer ist die Gefahr, dass sich Bakterien vermehren.

Verarbeiten Sie frisches Geflügel möglichst umgehend. Wenn Sie es lagern wollen, entfernen Sie die Plastikfolie und gießen die Flüssigkeit ab. Dann entnehmen Sie - so diese beigelegt sind - Hals und Innereien aus der Körperhöhle.

Das so vorbereitete Hähnchen sollten Sie in einen Gefrierbeutel stecken oder lose in Folie wickeln und auf einem Teller in den Kühlschrank stellen. Nutzen Sie die unterste Schiene und achten Sie darauf, dass kein Geflügelsaft austritt und auf andere Lebensmittel tropft. So können Sie ein frisches, sauberes und gut verpacktes Hähnchen bis zu 2 Tage im Kühlschrank aufbewahren.

Wie die meisten Nahrungsmittel hat auch frisches Geflügel seine Zeit, in der es am besten schmeckt. Zwar ist es hier nicht ganz so leicht wie mit den R-Monaten (Sie wissen schon: Muscheln und Meerrettich nie in Monaten ohne „r" frisch verzehren) - aber merken kann man sich, wann was am besten schmeckt:

Zum Merken:
Stubenküken im Frühjahr und um die Weihnachtszeit
Brathähnchen in erster Linie im Frühjahr
Junge Hähne im Sommer und Herbst
Poularden im Herbst und im Winter

14

Tiefkühlgeflügel finden Sie das ganze Jahr über in Ihrem Supermarkt. Wenn Sie gefrorenes Geflügel kaufen, achten Sie zuerst darauf, dass die Verpackung unbeschädigt ist, dass das Fleisch keine weichen Stellen hat und natürlich das Haltbarkeitsdatum nicht überschritten ist. Die Hände sollten Sie auch von Angeboten lassen, bei denen sich in der Verpackung Flüssigkeit sammelt. Ansonsten gelten die bekannten Vorsichtsregeln: angetautes Geflügel nicht wieder einfrieren; das Fleisch schonend im Kühlschrank oder in der Mikrowelle auftauen; die Auftauflüssigkeit unbedingt weggießen; nach dem Auftauen sofort verarbeiten. Und hierbei sind Ihrer Phantasie keinerlei Grenzen gesetzt. Mit einem tiefgefrorenen Broiler kann man ebenso viele leckere und unwiderstehliche Gerichte zaubern wie mit einem frischen Landhahn.

Schon Anfang der siebziger Jahre war übrigens in einem Rezeptheft des volkseigenen Verlagswesens nachzulesen, dass man den richtigen Broilergenuss auch zu Hause haben kann, denn die Hähnchen „...schlummern rosig und zart bereift, jedes eingehüllt in Folie, in der Tiefkühltruhe..." Wecken wir sie auf!

Ab in den Topf

Das Huhn im Topf galt einmal als Zeichen von Wohlstand. Das allerdings ist Jahrhunderte her. Auch in der ansonsten recht kreativen Küche der Ex-DDR verkochte das geplagte Suppenhuhn viel zu oft in einer Nudelsuppe mit wenig Geschmack und arg zerkochten Teigwaren. Was hat denn der Broiler bloß mit Suppen zu tun?, wird so mancher jetzt denken. Also zum einen muss man das arme Tier ja nicht aufspießen und grillen, man könnte es ja auch kochen. Denn, wohl gemerkt, Broiler war gar bald in ostdeutschen Landen das gebräuchliche Synonym für alles, was zwei Beine, Federn und Flügel hatte und nach einem alten Aberglauben auf dem Mist krähte. Wenn hier von Broilerrezepten und -geschichten die Rede ist, so sind das eigentlich Hühnergeschichten. Und wenn das Tier keine Eier legt, gehört es in den Topf!

aufgebrüht

17

Für eine richtige Hühnersuppe muss es auch ein richtiges Suppenhuhn sein. Das ist natürlich im eigentlichen Sinn kein Broiler, weil erstens Huhn, zweitens zu alt, zu schwer und auch noch weiblich. Aber irgendwie ist es dann doch ein Broiler - oder war einmal einer, denn alles, was die Kombinate industrielle Mast, Abteilung Geflügelproduktion, verließ, versammelte sich unter dem gängigen Begriff Broiler. Der moderne DDR-Mensch ging nicht etwa in die Kaufhalle, ein Huhn zu erstehen. Nein, er kämpfte darum, einen Broiler abzubekommen. Und wenn alle gerade Appetit auf eine Hühnersuppe hatten, dann wanderte eben der Broiler in den Topf.

Für die klassische Hühnerbrühe wird das frische (oder aufgetaute), gründlich gesäuberte Huhn mit soviel Wasser angesetzt, dass es reichlich bedeckt ist. Nach dem Aufkochen wird die Brühe abgeschäumt und erst jetzt werden Wurzelwerk (Suppengrün) und Gewürze zugegeben. Halbieren Sie eine geschälte Zwiebel, rösten Sie die Schnittflächen in einer Pfanne ohne Fettzugabe und geben die Zwiebel so zur Brühe. So erhält sie eine schöne Farbe und einen guten Geschmack. Außerdem eine weitere (ungeröstete) Zwiebel und Lorbeerblatt und nach Geschmack 2 Tomaten zugeben. Wenn das Fleisch gar ist, das Huhn herausnehmen, die Brühe durchseihen, abschmecken und nach Rezept weiterverarbeiten. Und davon gibt es unendlich viele...

18

Russische Hühnersuppe

1 Broiler (oder 1 Hähnchen), etwa 1200 - 1400 g,
400 g Rinderbeinscheiben,
2 Bund Wurzelwerk (Suppengrün),
1 Lorbeerblatt, 2 Zwiebeln, Salz,
200 g mageres Kalbfleisch,
40 g Butter, 1 altbackenes Brötchen,
2 Eigelb, 1/8 l Schlagsahne,
weißer Pfeffer (möglichst frisch gemahlen),
geriebene Muskatnuss,
1/2 Bund glatte Petersilie

Vom gewaschenen Hähnchen zunächst das Brustfleisch ablösen. Den Rest mit den Bein-
scheiben, einem geputzten und grobgehackten Wurzelwerk, dem Lorbeerblatt und der
Zwiebel mit kaltem Wasser in einem ausreichend großen Topf ansetzen. Nach dem Aufkochen
abschäumen und kräftig salzen. Die Brühe etwa 90 Minuten leise köcheln lassen. Inzwischen
das Brust- sowie das Kalbfleisch würfeln, das zweite Wurzelwerk putzen und fein hacken
und alles in der Butter unter Rühren gar braten. Das Brötchen abreiben, ebenfalls würfeln
und mit etwas Brühe anfeuchten. Die fertige Brühe durch ein Haarsieb gießen. Brötchen,
gebratenes Fleisch und Gemüse im Mixer pürieren. Dabei nach und nach Brühe zugießen.
Eigelb und Sahne verquirlen und in die heiße Suppe rühren. Nochmals erhitzen, jedoch
nicht aufkochen. Mit Salz, Pfeffer und etwas Muskat würzen und mit reichlich gehackter
Petersilie bestreuen.

Zitronen-Hähnchen-Suppe

1 Broiler von ca. 1000 g,
125 g Räucherspeck,
2 unbehandelte Zitronen,
1 Zwiebel,
2 Teel. Tabascosauce, Salz, Pfeffer,
durchwachsener Speck
1 Teel. gerebelter Thymian,
2 Eigelb,
1/2 Bund glatte Petersilie

Das Hähnchen in 4 Stücke teilen, gründlich säubern und trockentupfen. Zusammen mit dem grob gewürfelten Speck in einen Topf geben. Die heiß abgewaschenen Zitronen und die geschälte, in Scheiben geschnittene Zwiebel hinzugeben. Alles mit Tabascosauce beträufeln und kräftig mit Salz, Pfeffer und Thymian würzen. Eine Stunde zugedeckt ziehen lassen, dann ausreichend Wasser zugeben und aufkochen lassen. Nach dem Abschäumen noch etwa 1 Stunde leise köcheln lassen. Die Hühnerstücke herausnehmen. Die Brühe durch ein Haarsieb gießen und erkalten lassen. Brust- und Schenkelfleisch ablösen, häuten, in mundgerechte Würfel schneiden, gewaschene Petersilie grob hacken. Von der kalten Brühe die Fettschicht entfernen. Die Eigelb mit etwas Brühe verquirlen. Die restliche Brühe wieder erhitzen (nicht kochen), mit Salz und Pfeffer (am besten frisch gemahlen) abschmecken und die Eigelb einrühren. Das Fleisch wieder zugeben und mit reichlich Petersilie bestreut servieren.

Ungarische Hühnersuppe

1 Suppenhuhn,
Wurzelwerk,
Salz, Pfeffer,
Nelken, Lorbeerblatt,
2 Essl. Öl,
2-3 bunte Paprikafrüchte,
3 Essl. Butter,
Petersilie

Das Suppenhuhn nach dem eingangs beschriebenen Grundrezept garen, dann das Fleisch von den Knochen lösen und die eine Hälfte in feine Streifen schneiden (die andere Hälfte beispielsweise für Salat verwenden).
Während das Huhn kocht, in einem zweiten Topf Öl erhitzen und die in feine Streifen geschnittenen Paprika (ohne Kerngehäuse) darin anschwitzen. Mit reichlich Edelsüßpaprika bestreuen und mit der durchgeseihten Hühnerbrühe auffüllen. Die Fleischstreifen zugeben. Als Einlage schmecken am besten Grießnockerln.

Noch ein Tipp:
In Ungarn wird statt Öl Schweineschmalz verwandt. Das gibt einen kräftigeren Geschmack und die Paprikafrüchte bekommen eine schöne Farbe.

Radieschen-Hühner-Suppe

500 g Hähnchenflügel,
1 Wurzelwerk (Suppengrün),
3/4 l Hühnerbrühe (nach Grundrezept bereitet oder Instant),
2 Bund Radieschen,
1 Bund glatte Petersilie,
2 Schalotten,
20 g Butter,
1 Teel. Mehl,
1/8 l Schlagsahne,
1/8 l trockener Weißwein,
1 Eigelb, Salz, weißer Pfeffer (frisch gemahlen)

Die abgespülten Hähnchenflügel mit dem geputzten und zerkleinerten Wurzelwerk in der vorbereiteten Brühe zugedeckt ca. 90 Minuten kochen lassen. Inzwischen die Radieschen putzen, waschen und in feinste Stifte schneiden; das Radieschengrün und die Petersilie abspülen, trockentupfen und fein hacken; die Schalotten schälen und fein würfeln. Radieschengrün, Petersilie und Schalotten in der Butter kurz andünsten. Mit Mehl bestäuben und der gesiebten Brühe auffüllen. Nochmals ca. 10 Minuten köcheln lassen. Eigelb und Wein verquirlen und in die heiße, jedoch nicht mehr kochende Suppe rühren. Mit Salz und Pfeffer abschmecken. Die Sahne steif schlagen und unterheben. Mit den Radieschenstiften bestreuen.

22

Hühnersuppe mit Mais

3 Maiskolben, 1 Essl. Öl,
4 Frühlingszwiebeln, fein gehackt,
2 Teel. frischer, geriebener Ingwer,
1 l Hühnerbrühe,
1 Essl. Sojasoße,
1 kleines Grillhähnchen, in Streifen zerteilt,
1 Essl. Speisestärke, Öl,
2 Essl. Butter, 1 kleine Dose Mais,
125 ml süße Sahne,
Salz, schwarzer Pfeffer,
frische Thymianzweige zum Garnieren, Reiswein

Maiskörner von den Kolben schneiden (etwa 400 g). Öl in einem großem Topf erhitzen. Frühlingszwiebeln und Ingwer zufügen und 1 Minute dünsten. Mais, Brühe, Reiswein und Sojasoße zufügen. Langsam zum Kochen bringen, Hitze reduzieren und 10 Minuten garen, bis der Mais weich ist. Hähnchenfleisch zufügen. Speisestärke mit 4 EL Wasser oder Brühe zu einer glatten Paste verrühren. Mit dem Sesamöl in die Suppe geben und rühren, bis die Flüssigkeit etwas eindickt.

Sahnemais zubereiten. Dafür 2 Esslöffel Butter zerlassen, Mais aus der Dose abgetropft zugeben und zerdrücken. Sahne zugießen und unter Rühren einkochen. Mit Salz und Pfeffer würzen. Den fertigen Sahnemais zur Suppe geben und 2 - 3 Minuten erhitzen. Nicht mehr kochen. Abschmecken, mit Thymian garnieren und heiß servieren.

Schnelle Hühnernudelsuppe

2 1/4 l Hühnerbrühe,
240 g gekochtes oder gegrilltes Hähnchenfleisch, in Streifen zerteilt,
90 g dünne Nudeln,
1 Bund frische Petersilie, gehackt,
1 Bund frischer Schnittlauch, in Röllchen geschnitten,
Salz, Pfeffer

Die Brühe in einen Topf geben und zum Kochen bringen. Das Hähnchenfleisch zugeben. Die Nudeln, Petersilie und Schnittlauch zufügen. Bei schwacher Hitze 10 bis 15 Minuten ziehen lassen, bis die Fleischstreifen heiß und die Nudeln gar sind. Mit Salz und Pfeffer abschmecken, in Suppenteller verteilen und sofort servieren.

24

Sahnige Spinatsuppe mit Huhn

1000 g Broilerteile,
1 Essl. Öl,
1 Möhre, gehackt,
6 schwarze Pfefferkörner,
2 Knoblauchzehen, gehackt,
1 Bouquet garni (Petersilie, Thymian und Lorbeerblatt),
800 g Süßkartoffeln, gehackt,
500 g frischer Spinat,
125 ml Sahne

Öl in einem großen Topf erhitzen, Hähnchenteile darin portionsweise bräunen. Auf Küchenpapier abtropfen lassen. Fett bis auf 1 Esslöffel abgießen. Hähnchenteile mit Möhre, Sellerie, Zwiebel, Pfeffer, Knoblauch, Bouquet garni und 1,5 l Wasser in den Topf geben. Suppe zum Kochen bringen, Hitze reduzieren und 40 Minuten garen. Die Brühe durch ein Sieb in einen Topf gießen. Hähnchenfleisch von den Knochen lösen, in feine Streifen schneiden und beiseite stellen. Süßkartoffeln zur Brühe geben, zum Kochen bringen und Hitze reduzieren. Kartoffeln gar kochen. Spinat zugeben, bis die Blätter zusammenfallen. Suppe portionsweise in der Küchenmaschine pürieren. Spinat wieder in den Topf geben, Hähnchenfleisch zufügen und Sahne unterrühren. Nach Wunsch würzen und abschmecken.
Vor dem Servieren erhitzen, aber nicht mehr kochen lassen.

Hühnersuppe flambé

1 l Hühnerbrühe,
Muskat, Salz, Pfeffer, Rosmarin,
1 Schuss Weißwein,
1/2 Paket gefrostetes Mischgemüse,
300 g gares Hühnerfleisch,
1-2 Brötchen,
Zucker,
20 g Margarine,
1-2 Gläschen Rum oder Weinbrand

Die Hühnerbrühe mit den Gewürzen und dem Weißwein abschmecken. Das gefrostete Gemüse darin garen und das kleingeschnittene Hühnerfleisch zufügen. Die Brötchen in Scheiben schneiden, leicht mit Salz und Zucker bestreuen und in der Margarine auf beiden Seiten goldgelb rösten.
Die Suppe in Tassen füllen, die Brötchenscheiben mit erwärmtem Rum oder Weinbrand übergießen, auf die Suppe legen und sofort flambieren.

Indische Hühnerrahmsuppe

3 Essl. Butter,
2-3 Essl. Mehl,
1/2 l Hühnerbrühe,
1 Hühnerkeule (gekocht),
2 Eigelb,
1/8 l Sahne,
3-4 Essl. Weißwein,
Salz, 1 Teel. Curry,
2 Essl. Kokosraspeln,
1/2 Tasse Milch,
gehackte Mandeln

ZUM
10. JAHRESTAG
UNSERER REPUBLIK

mehr davon!

Von Butter und Mehl eine helle Schwitze bereiten und Curry dazugeben. Mit der durchgeseihten Hühnerbrühe auffüllen, gut durchkochen lassen, mit etwas Salz abschmecken und das von den Knochen gelöste, in feine Streifen geschnittene Hühnerfleisch dazugeben. Von den verquirlten Eigelb, Sahne und Weißwein eine Legierung bereiten, an die Suppe geben, die danach nicht mehr aufkochen darf, und unmittelbar vor dem Servieren mit ein paar Flöckchen frischer Butter verfeinern. Als Einlage Kokosraspeln, in Milch geweicht, in die Suppe geben. Vor dem Anrichten können gehackte Mandeln, die man auch in etwas Öl leicht anrösten kann, über die Suppe gestreut werden.

Ein Bild von einem Hahn

„Wie vielfältig verwandelt sich da unser bescheidenes Brathähnchen..." schwärmt ein Kochbuch Anfang der siebziger Jahre. Denn auch beim Kochen, so lesen wir weiter, braucht die Phantasie Anregung und Austausch „...sie gedeiht nur, wenn sie ihre Flügel benutzt, um sich über die engen Grenzen von Gemüsegarten und Hühnerhof hinauszuschwingen..." Vielleicht musste man dazumal Kochen ja beschreiben wie ein Märchen, auf jeden Fall aber sind die Ergebnisse kostenswert. Und dass der DDR-Bürger Erfahrung darin hatte, alles irgendwie noch zu verarbeiten und aus eigentlich nichts Besonderem etwas ganz Delikates zu zaubern, hat sich zwischenzeitlich herumgesprochen.

Apropos „zaubern" – schauen wir doch mal, was sich aus dem guten alten Broiler Leckeres kreieren lässt.

28

aufgegabelt

Anfang der siebziger Jahre feiert man den Broiler zwischen Rostock und Suhl als grandiosen Zuchterfolg der werktätigen Bauern. Unberührt von gentechnologischen Ängsten und Entwicklungen wird nur bedauert, dass es noch nicht gelungen sei, das „Schnitzelschwein auf Bratwurstbeinen" oder die berühmte „eierlegende Wollmilchsau" zu züchten. Beim Broiler aber „... hat sich die Naturform dem Wunschbild bereits weitgehend angenähert. Zartes, weißes Fleisch umkleidet in dicken Schichten das feine, leichte Knochengerüst, es wird im Handumdrehen gar und schenkt dann den ach so seltenen 'Genuß ohne Reue' – denn Wohlgeschmack paart sich nur selten mit Kalorienarmut, leichter Verdaulichkeit und hohem Nährwert!" Dabei wird vornehm verschwiegen, dass es sich eigentlich um eine Lizenz handelt.

Die allerersten Broiler ließen in den 30er Jahren in Amerika ihr Leben. Als es 30 Jahre später in den damaligen sozialistischen Ländern nötig wurde, schnell und preiswert möglichst viel Fleisch zu erzeugen, traten die Tiere von Bulgarien aus ihren Siegeszug an. Innerhalb kurzer Zeit war die Eroberung der DDR erfolgreich beendet. Das ganze Land genoss das knusprig gegrillte Hähnchen, ohne sich über das Woher große Gedanken zu machen. Broiler wurde - wie andernorts Tempo fürs Taschentuch - zum Synonym für das Grillhähnchen schlechthin. Den Namen „Broiler" jedoch, so scheint es zumindest, denn nachweisen lässt es sich leider nicht mehr, verdanken die hungrigen DDR-Bürger dem ursprünglich amerikanischen Lizenz-geber, der wohl auf dieser Bezeichnung bestanden haben soll. Normalerweise heißt Geflügel im Bulgarischen „pile", die Neuzüchtung wurde jedoch aufgrund einer Bestimmung „brojleri" genannt (aufgemerkt: englisch „to broil" - braten, grillen). Erstmals tauchte der Begriff 1966 in der Zeitung „Neues Deutschland" auf. Da war von eingeflogenen Broilern aus Bulgarien die Rede, wo man 1962/63 mit der Massenzucht von Hühnern begonnen hatte.

Geflügelcocktail „Sommertag"

1 Tasse Apfelwürfel,
1 Tasse gekochte Selleriewürfel,
Zitronensaft,
2 Tassen Geflügelfleischwürfel,
2 Tassen gewürfelte Birnen,
1 Tasse Weintrauben,
1 Tasse Apfelsinenwürfel,
2 Essl. gehackte süße Mandeln,
1/2 Tasse Ananaswürfel,
200 g Sahnequark

Die Apfel- und Selleriewürfel mit Zitronensaft beizen.
Sämtliche Zutaten untereinander mischen.
Zuletzt gut gewürzten Sahnequark oder
Joghurtmayonnaise unterziehen.

Unser Tipp:
Besonders leicht schmeckt der Salat natürlich
mit purem Joghurt, der mit etwas frischem
Ananassaft angerührt wird.

Broiler-Cocktail

4 Essl. Mayonnaise,
1 kleiner, feingeriebener Apfel,
2 Essl. Joghurt,
1 Tasse marinierte Selleriewürfel,
je 1 Prise Salz und Zucker,
Zitronensaft,
gares Broilerfleisch (etwa 250 g, ohne Haut),
1 bis 2 eingelegte rote Paprikaschoten

Die Mayonnaise mit Apfel und Joghurt gut verschlagen.
Die Selleriewürfel einmischen, etwas durchziehen lassen und auf
Würze abschmecken. Fleisch und Paprikaschoten in zierliche Stücke
schneiden und mit der Mayonnaise schichtweise in Gläser füllen.
Mit einem Paprikaring, Salatherzen oder einem Petersiliestengel garnieren.

Unser Tipp: Kombinieren Sie Broilerreste doch einmal mit
Chicorée oder mit Spargel. Gewürzgurken, Tomaten oder
Pilze sind weitere Möglichkeiten.
Salate schmecken auch mit allen Zitrus- und tropischen
Früchten, aber auch mit Weintrauben oder Äpfeln.
Versuchen sollten Sie auch einmal eine Hühnchen-Fisch-
Kombination, zum Beispiel mit Anchovis oder Lachs.

Ägyptischer Hähnchensalat

gekochtes Broilerfleisch,
75 g dünne Gurkenscheiben,
50 g Mayonnaise,
Worcestersauce,
1 hartgekochtes Ei,
50 g Nüsse,
Kopfsalatblätter

Das Broilerfleisch feinblättrig schneiden, die dünnen Gurkenscheiben dazugeben. Die Mayonnaise mit Worcestersauce würzen und den Salat damit anmachen. Auf einem Kopfsalatblatt anrichten. Den Salat mit dem in Würfel geschnittenen Ei und den feingehackten Nüssen bestreuen.

Englischer Broilersalat

Gekochtes Broilerfleisch und Selleriewürfel zu gleichen Teilen mit Öl, Senf, Zitronensaft, Pfeffer und Salz abschmecken. Steif geschlagene Sahne unterziehen. Mit Blättern von Sellerie und Eivierteln garnieren.

Broilersalat ganz modern

75 g gekochtes Broilerfleisch,
25 g gekochte Champignons,
25 g Sellerie,
1 großer Apfel,
Zitronensaft,
Pfeffer, Salz, Öl,
1 Essl. Mayonnaise,
Pfirsich, Cocktailkirschen, Salatblätter

Broilerfleisch und Gemüse in feine Streifen
schneiden und mit Zitronensaft, Pfeffer,
Salz und wenig Öl marinieren. Den Apfel
teilen, vom Kerngehäuse befreien,
aushöhlen und mit Zitronensaft beträufeln.
Den so vorbereiteten Apfel mit dem Salat
füllen und mit Mayonnaise bedecken. Zur
Garnierung 1 Scheibe Broilerbrust, Pfirsichachtel und
Kirschen verwenden.
Den garnierten Apfel auf ein Kopfsalatblatt setzen.

Frühlingssalat mit Broiler

200 g Zuckerschoten,
Salz , Pfeffer,
300 g Kohlrabi,
1 kleiner Kopf Salat,
1 Handvoll Kerbel oder Petersilie,
3 Essl. Essig,
6 Essl. Öl,
200 g Broilerbrustfilet

Die Zuckerschoten putzen und in Salzwasser 2 Minuten blanchieren.
Abschrecken und gut abtropfen lassen.
Die Kohlrabi schälen, vierteln und in dünne Scheiben
schneiden. Den Salat putzen, waschen; die Blätter
mundgerecht zerpflücken. Die Kräuter abbrausen,
die Blättchen abzupfen. Essig, Salz, Pfeffer und 4 Essl. Öl zu einer Vinaigrette verrühren. Das
Hähnchenfilet ebenfalls in mundgerechte Stücke schneiden, im übrigen Öl anbraten; salzen
und pfeffern. Gemüse, Salat und Kerbel in der Sauce marinieren. Mit dem Hähnchen
anrichten.

Broilersalat „Helwa"

25 g kleinwürfelig geschnittene Ananas,
20 g Tomatenketchup,
Zitronensaft,
Pfeffer, Salz, Öl,
Petersilie,
gares Broilerfleisch,
Ananassaft,
20 g saure Sahne,
Cocktailkirschen

Die geschnittene Ananas in eine große
Sektschale füllen, an den Glasboden
etwas andrücken. Aus dem Tomaten-
ketchup, wenig Öl, etwas Zitronensaft,
Salz und Pfeffer eine Soße bereiten und diese
über die Ananas gießen. Ein kleines Bund
Petersilie hacken und darüberstreuen. Das gare
Broilerfleisch mit dem Ananassaft marinieren, dann würflig schneiden
und darübergeben.
Zum Schluss die saure Sahne aufgießen und mit Kirschen garnieren.

36

Creamy Chicken Sandwich

2 große oder 6 kleine Tomaten,
1-2 Frühlingszwiebeln,
8 Salatblätter,
400 g Frischkäse,
8 Essl. Mandarinenlimonade
1/2 Teel. Currypulver,
150 g Broilerbrust,
Salz, Pfeffer,
30 g Sesamkörner,
1/2 Essl. Butter zum Anbraten
Sandwich- oder Weißbrot

Das Gemüse und den Salat waschen. Die Tomaten entkernen und ohne Stielansätze in kleine Würfel schneiden. Die Zwiebeln putzen und in dünne Scheiben schneiden, beides vermischen. Den Curry und die Mandarinenlimodade mit dem Frischkäse zu einer Creme verrühren. Die Broilerbrust in feine Längsstreifen schneiden. Salzen und pfeffern, dann in den Sesamkörnern wenden. Die Butter erhitzen und die Streifen darin bei mittlerer bis starker Hitze garbraten. Die Weißbrot- oder Sandwichscheiben toasten. Dann dick mit der Creme bestreichen, mit Salatblättern belegen und abwechselnd Hühnchenbrust und Gemüse-mischung daraufgeben. Eine zweite Scheibe Toast auflegen.

Es kann nur einen geben...

Im August 1967 setzt der Ministerrat der DDR die Forderung nach einer „industriemäßigen Produktion in der Landschaft" durch. Speziell für Tierproduktion (ein scheußliches Wort an sich!) werden die Kombinate für industrielle Mast (KIM) gegründet. Der massenhaften „Produktion" von Broilern steht nun nichts mehr im Wege. Und tatsächlich ist das beliebte Tier bald überall erhältlich: tiefgefroren in den Kaufhallen (und das zumeist ohne Anzustehen und ohne Beziehungen), frisch gegrillt und heiß als Imbiss für unterwegs und in den schnell entstehenden „Broilerbars" - der Ostantwort auf „Wienerwald". Gratis dazu gab es eine Kampagne zur „Gesunden Ernährung", die die Vorteile von Geflügelfleisch pries und zum verstärkten Kauf animieren sollte.

aufgespießt

Plakat aus dem Bestand des Deutschen Landwirtschaftsmuseums in Markkleeberg

Saufen, Fressen, Faulenzen –
und (trotzdem) den Plan
erfüllen

39

Nachdem der Broiler einmal in die DDR eingeflogen ist, wird er zur KIM-Massenware. Ein Büchlein von KIM nennt ohne Beschönigung die Gründe: „Der Weg zu einer ausreichenden Versorgung mit Produkten der Geflügelwirtschaft führt jedoch nicht mehr über den traditionellen, mehr oder weniger idyllischen Hühnerhof, sondern - wie überall in der Wirtschaft - über die industriemäßige Großproduktion". Es ist die Zeit, in der Chemie Wohlstand und Schönheit bringt und KIM zu „Köstlich Immer Marktfrisch" wird.

Die Vorteile für die von Mangel geplagte DDR-Wirtschaft liegen auf der Hand. „KIM garantiert zu allen Jahreszeiten ein gleichbleibendes Angebot an Geflügelfleisch und Eiern in guter Qualität zur Versorgung der Bevölkerung".

Hinzu kommt, dass Geflügel perfekt ins Programm für gesunde Ernährung passt. Fettarm, eiweißreich und leicht verdaulich ist es genau richtig, um die Hinweise der Ernährungswissenschaftler im sozialistischen Alltag umzusetzen. Dafür wird viel getan, nicht anders als ein paar Jahre zuvor mit Fisch oder zur gleichen Zeit mit Eiern. Kampagnen erfreuen sich in der Partei- und Staatsführung immer großer Beliebtheit. Broiler werden nicht einfach verkauft, sie werden propagiert. Leider reimt sich auf Broiler nichts so gut wie in den Fällen „Fisch auf jeden Tisch", und auch ein eingängiger Slogan wie „Nimm ein Ei mehr" ist wohl niemandem eingefallen. Doch dies scheint gar nicht nötig. Der in jenen Jahren sehr beliebte Fernsehkoch Kurt Drummer bringt wöchentlich neue Broilerrezepte in seiner Sendung. Die Vielfalt der Zubereitung, die Varianten von Würze und Geschmack scheinen grenzenlos.

Bald steht der „Broiler" auf der Beliebtheitsskala ganz oben. Über eines sind sich dabei alle einig: Ein echter Broiler kommt heiß und knusprig aus dem Grill. Natürlich wird er mit den Fingern gegessen. So jedenfalls ist es in einer Speisekarte der HO-Gaststätte „Zum Goldbroiler" nachzulesen.

Diese „Broilerbars" gewinnen schnell an Beliebtheit. Wen interessiert da, dass sie als sozialistische Alternative zum dekadent-imperialistischen Bedürfnis nach „fast food" geplant sind. Der „Hamburger" wird zur „Grilletta" und für den schnellen Hunger präsentieren Max und Moritz die knusprigen Hähnchen in moderner Umgebung. Selbst wenn sich auf diesem Weg ein Anglizismus in den ostdeutschen Sprachgebrauch einschleicht - der Siegeszug des knusprigen Vogels ist nicht mehr aufzuhalten.

Das hat nicht zuletzt damit zu tun, dass der Broiler schnell und problemlos zubereitet werden kann, so er nicht gleich fertig gegrillt gekauft wird. Für die zumeist arbeitende Frau ein entscheidender Vorteil. Wer sich ein wenig mit dem DDR-Alltag beschäftigt hat, weiß um die Probleme von Doppelbelastung der Frau durch Haushalt und Beruf; und er kennt diese ewige Gier nach etwas zu essen, das anders, besser, würziger schmeckt als das tägliche Einerlei der Gemeinschaftsverpflegung.

Broiler erweist sich als glückliche Alternative. Er lässt sich dünsten, braten, backen, grillen oder kann in den fast überall vorhandenen „Broilerbars" gleich fertig gegrillt gekauft werden. Eine weitere Neuerung ermöglicht den Transport sogar im noch warmen Zustand: die Alufolie ist bald aus den Broilerbars und den Küchen nicht mehr wegzudenken. Das fertige Hähnchen wird zu Hause nur noch „veredelt". Plötzlich ist der Broiler Grundlage für Suppen und Salate, avanciert zum Brotbelag, zum schnellen Abendessen, zum Festmenü. Innerhalb weniger Jahre steigt der Pro-Kopf-Verbrauch an Geflügelfleisch sprunghaft an - übrigens ganz ohne BSE-Ängste und MKS-Probleme - und mit ihm die vielfältigen Rezepte und Möglichkeiten der Zubereitung. Es wird probiert und kombiniert, abgeschaut und abgewandelt. Die Zeiten des klassischen Hühnerbratens scheinen endgültig passé zu sein. „Hier wird gesunde Lebensweise sogar zum Genuß" können wir heute in einem alten Rezeptheft nachlesen, das zugleich die Vorteile des Broilerfleisches preist: „Broiler haben weder etwas mit braun noch mit gebräunt zu tun, obwohl sie im gegrillten Zustand solche Assoziationen durchaus hervorrufen. Auch einen Vergleich mit dem altbekannten Backhähnchen muss der Broiler energisch zurückweisen. Bei ihm handelt es sich um eine Züchtung von Spezialhybriden, die sehr fleischwüchsig sind...Broilerfleisch ist schmackhaft und leicht verdaulich, enthält biologisch hochwertiges Eiweiß, wenig Fett und hat einen hohen Vitamingehalt...Aber auch an die schlanke Linie hat KIM gedacht. Es lohnt sich also, Geflügel auf den Tisch zu bringen".

MEHR EIER - MEHR FLEISCH
DURCH HÜHNER-INTENSIVHALTUNG

Zootechniker Winfried Zielke:

Der Nutzen ist vierfach!

FÜR DES VOLKES WOHLSTAND, FRIEDEN, GLÜCK DECKEN WIR DEN TISCH DER REPUBLIK

Dem können wir nur zustimmen und uns auf die Suche nach dem besten Broilerrezept begeben. Dabei landen wir unweigerlich in Erfurt, wo es heute, lange nach dem Ende von DDR und KIM wieder einen „Goldbroiler" gibt. Doch was heißt hier einen „Goldbroiler" — **den** Goldbroiler überhaupt! Denn in der thüringischen Landeshauptstadt ist Dieter Heck zu Hause und hat für die Auferstehung des beliebten Vogels gesorgt.

Dieter Hecks Thüringer Goldbroiler „Braumeister Art"

2 Broiler (ca. je 1200 g),
3 - 4 Flaschen Bier,
(Empfehlung von D. Heck: Braugold Spezial Bier oder Radeberger Pilsner)
2 Knoblauchzehen,
6 Pfefferkörner,
1 große Zwiebel,
2 Teel. Senf (Empfehlung von D. Heck: Bornsenf),
1 Lorbeerblatt,
Sonnenblumenöl,
Weißer Pfeffer, Edelsüßpaprika, Salz

Für dieses Dieter-Heck-Spezialrezept bereiten Sie zuerst eine Marinade zu. Dafür das Bier in ein ausreichend großes Gefäß gießen, den Senf einrühren, die Knoblauchzehen, die grobgehackte Zwiebel, Pfefferkörner und Lorbeerblatt zugeben.
Die vorbereiteten Broiler in die Marinade einlegen, so dass sie komplett bedeckt sind und abgedeckt im Kühlschrank 2 Tage ziehen lassen. Danach die Broiler gut abtrocknen und mit einem Gemisch aus Salz (1/3), Paprika (2/3) und etwas Pfeffer rundum bestreuen. Die Broiler im Grill bei ca. 150° C ca. 60 Minuten grillen. Oder im Ofen bereiten. Hierfür die Broiler in einen Bräter und mit Sonnenblumenöl bestreichen. 1/4 der Marinade zugießen und die Broiler in der vorgeheizten Backröhre bei ca. 150° C ca. 60 Minuten braten.

Eigentlich spukte die Idee schon lange in Dieter Hecks Kopf herum. „Wenn man sich irgendwo traf und über alte Zeiten redete, kam immer mal wieder die Rede auf den guten alten Goldbroiler", erzählt er. Das ist nicht verwunderlich, immerhin arbeitete er in der wohl größten Broilerbar der DDR - im „Goldbroiler Am Anger" in Erfurt. Als Insider kennt er nicht nur Rezepte und Kniffe. Dieter Heck merkt bald, dass sich der broilerverwöhnte Gaumen so manchen „Ossis" nach dem typisch-würzigen Hähnchengeschmack sehnt. Was also liegt näher als die Frage, wie man dem „Mythos" von einst wieder Leben einhauchen kann? Allen Schwierigkeiten und Spötteleien zum Trotz geht Dieter Heck die Sache an. Tatkräftig unterstützt von seiner Lebensgefährtin, die das Projekt zu ihrer ganz persönlichen „Chefsache" macht. Als erstes lassen sich die Hecks den Namen patentieren. Das in deutschen

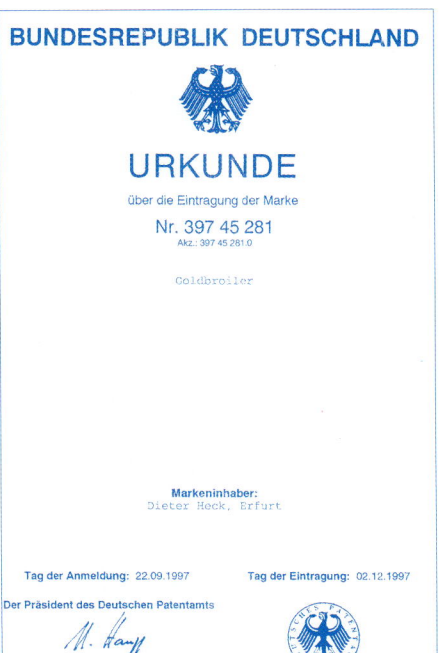

BUNDESREPUBLIK DEUTSCHLAND

URKUNDE
über die Eintragung der Marke
Nr. 397 45 281
Akz.: 397 45 281.0

Goldbroiler

Markeninhaber:
Dieter Heck, Erfurt

Tag der Anmeldung: 22.09.1997   Tag der Eintragung: 02.12.1997

Der Präsident des Deutschen Patentamts

M. Haugg

N. Haugg

Landen übliche beginnt: Ein langwieriger und zäher Antrags- und Schriftverkehr mit diversen Ämtern, bis schließlich feststeht: Der Name „Goldbroiler" ist patentrechtlich geschützt und nur Dieter Heck darf ihn im deutschsprachigen Raum verwenden. Ein kleiner Sieg, wenn man sich in den Supermärkten umsieht, denn da taucht die Firmierung auf so manchem tiefgefrorenen Hahn auf und welcher Jungunternehmer hat schon Kapital, Lobby und Nerven, einen Markenschutzstreit durchzustehen.

Eines zumindest lässt sich der „Markeninhaber" nicht nehmen. Als ihm zu Ohren kommt, dass auf der Expo in Hannover Goldbroiler angeboten werden, macht er sich auf den Weg, die Konkurrenz in Augenschein zu nehmen. Er scheut weder Mühen noch

Blasen und kann am Ende eines beschwerlichen Tages feststellen, dass das, was es da zu „unverschämten" Preisen gibt, alles mögliche sein mag — nur eben kein Goldbroiler!

Den bekommt man ganz stilecht in Erfurt. Nach unzähligen Behördengängen, Anträgen, Anmeldungen, Bankgesprächen und schlaflosen Nächten öffnet 1997 hier die erste „Goldbroiler - Bar" nach der Wende. Der Erfolg ist vorprogrammiert, denn viele Erfurter, die von früher den guten Geschmack kannten, kamen neugierig und wurden nicht enttäuscht.

Der Goldbroiler schmeckt, wie ein richtiger Goldbroiler zu schmecken hat, knusprig, würzig und einfach unwiderstehlich. Dazu gibt es eine Vielzahl der schon in alten Zeiten beliebten Beilagen: Pommes oder Kartoffelsalat, Rohkost. Die einzig wahre Broilerwürzmischung ist streng geheim. Nur eines hat Dieter Heck verraten: sie besteht aus sieben verschiedenen Gewürzen. Dann wird das Hähnchen auf ganz besondere Weise gesteckt, um in Form zu bleiben. So landet es, innen und außen mit der Würzmischung eingerieben, für gut sechzig Minuten im Grill, dreht sich langsam mit seinen Artgenossen und duftet verführerisch!

Gegrillter Broiler

1 Broiler,
1 Teel. Senf,
1 Eßl. Tomatenmark,
1 Eßl. Öl,
4 Scheiben Bauchspeck,
Salz, Pfeffer

Den Broiler vom Rückgrat her
aufschneiden, die Knochen herauslösen,
die Fleischteile, die noch am Brustbein zusammenhängen, flach auseinanderklappen und
mit einem Fleischklopfer leicht klopfen. Den Broiler von beiden Seiten mit Salz und Pfeffer
einreiben, mit einer Mischung aus Senf, Tomatenmark und Öl bestreichen und auf den
Grillrost legen. Den Grill vorher mit 2 Speckscheiben belegen!
Bei guter Holzkohlenglut oder im Elektrogrill ca. 10 Minuten garen. Dazu schmecken frischer
Salat und Pommes frites.

Gockel im Flammenschein

1 Broiler,
1 großer säuerlicher Apfel,
50 g Speck,
250 g Geflügelleber,
2 Essl. feingehackte Petersilie,
2 Essl. geriebene Semmel,
1 Essl. Rotwein,
Rosmarin,
Salz, Pfeffer,
Öl, 6 cl Weinbrand

Das Hähnchen vorbereiten. Den Apfel
schälen und in Würfel schneiden,
zusammen mit Speckwürfelchen,
kleingeschnittener Geflügelleber, Petersilie,
geriebener Semmel und den Gewürzen dünsten.
Diese Füllung in das Hähnchen geben und zunähen.
Mit Öl bepinselt grillen oder in der Röhre garen. Mit Weinbrand begießen
und brennend servieren.

Grillhähnchen „Adria"

1 Broiler, 1/2 Tasse Öl,
Salz und Pfeffer,
1 bis 2 Knoblauchzehen,
1 Zwiebel, 1 EL Zitronensaft

Das vorbereitete Hähnchen teilen und mit einer Gabel mehrfach einstechen. Aus Öl, Petersilie, Salz, Pfeffer, geriebener Knoblauchzehe, feingehackter Zwiebel und Zitronensaft eine Marinade bereiten. Das Fleisch 3-4 Stunden einlegen, ab und zu wenden. Gut abtropfen lassen und auf jeder Seite etwa 15 Minuten grillen, dabei öfter mit dem würzigen Öl bepinseln.

Hähnchenbrust á la Korsar

6 Essl. Madeira, 2 Essl. Orangensaft, 1 Essl. Zitronensaft,
8 Essl. Öl, abgeriebene Schale von 1/2 Orange,
abgeriebene Schale von 1/2 Zitrone,
Salz, Pfeffer, 1 Essl. brauner Zucker,
4 Hähnchenbrüste, 1 Packung Kresse

Aus den angegebenen Zutaten eine Marinade bereiten. Fleisch in die Marinade geben und mindestens 24 Stunden durchziehen lassen. Herausnehmen, etwas abtupfen, mit Pfeffer würzen und von jeder Seite 6 bis 8 Minuten grillen. Mit Salz und Kresse bestreut servieren.

Hähnchenburger

4 Broilerbrustfilets,
125 ml Limettensaft,
2 Essl. süße Chilisauce,
4 Scheiben Frühstücksspeck,
4 Hamburgerbrötchen (halbiert),
4 Salatblätter,
1 große Tomate,
Mayonnaise oder Hamburger-
sauce oder Ketchup

Hähnchenbrustfilets in eine flache Schüssel legen. Das Fleisch mit einem Spieß mehrfach einstechen. Limettensaft und süße Chilisauce verrühren und über das Fleisch gießen. Mehrere Stunden, am besten über Nacht marinieren.

Schwarte vom Speck entfernen, Scheiben halbieren. Den heißen Grill leicht fetten. Vorbereitetes Hähnchenfleisch auf dem heißen Grill schön braun und gar, Speck knusprig grillen. Die aufgeschnittenen Hamburgerbrötchen hellbraun rösten. Salat, Tomatenscheiben, Hähnchen und Speck auf die untere Hälfte geben.

Nach Geschmack mit Mayonnaise, Sauce oder Ketchup würzen und mit der anderen Brötchenhälfte bedecken.

Grillhähnchen mit Kräutern

1 Hähnchen,
Salz, 40 g Butter
Saft von 1/2 Zitrone,
1 Essl. gehackte Petersilie,
je 1 Msp. Salbei, Rosmarin,
Öl

Das vorbereitete Hähnchen leicht salzen
und mit der aus Butter, Zitronensaft und
Kräutern verkneteten Mischung einreiben.
Die Öffnungen an Hals und Bauch zu-
nähen, das Hähnchen auf den Grillspieß
stecken. Von außen mit Paprika und wenig
Salz einreiben, mit Öl bepinseln und unter
Drehen etwa 40 - 45 Minuten grillen.
Mit frischem Salat und Pommes frites servieren.

Unser Tipp:
Sie können natürlich auch frische, sehr fein
gehackte Kräuter verwenden.

51

Gegrillte Broilerkeulen

4 Broilerkeulen,
3 Essl. Öl,
1 Zwiebel,
2 Teel. Worcestersauce,
3 Essl. Essig,
2 Essl. Senf,
1 Teel. Estragon,
1 Zitrone

Die Hähnchenkeulen waschen. Aus der kleingeschnittenen Zwiebel, Öl, Worcestersauce, Essig, Senf und Estragon eine Marinade bereiten. Die Hähnchenkeulen in eine Schüssel geben, mit der Marinade beträufeln und über Nacht zugedeckt kalt stellen. Am nächsten Tag die Keulen aus der Marinade nehmen und grillen. Während des Grillens mit der restlichen Marinade bepinseln. Vor dem Servieren mit Zitronensaft beträufeln. Dazu schmeckt Baguette.

Unser Tipp:
Wenn Sie im Backofen grillen, unbedingt ein Blech unter den Rost schieben!

Knoblauchbroiler vom Grill

6 Knoblauchzehen (zerdrückt),
11/2 Essl. schwarze Pfefferkörner (zerstoßen) ,
25 g frischer Koriander (Blätter und Stiele, gehackt),
4 Korianderwurzeln (gehackt),
1 Teel. Kurkuma (gemahlen),
2 Teel. helle Sojasoße,
Saft von 1 Limette,
1 Teel. brauner Zucker,
4 Broilerbrustfilets

Den Knoblauch, die Pfefferkörner und Gewürze mit dem Limettensaft und dem Zucker im Mixer zu einer glatten Paste pürieren. Die vorbereiteten Brustfilets mit dieser Marinade in eine Schüssel geben und mehrere Stunden (am besten über Nacht) marinieren.
Den Grillrost leicht fetten und die Filets von jeder Seite ca. 3 Minuten grillen.
Dazu schmeckt am besten ein bunter Sommersalat aus Gurken, Tomaten, Paprika und Zwiebel mit einem Kräuterdressing.

Wer einen richtig echten Goldbroiler auf dem Tisch haben möchte, muss heute - wir wissen es nun - nach Erfurt fahren. Oder selbst Hand an den Hahn legen. Keine Angst, geschlachtet werden muss nicht. Hähnchen gibt es nach wie vor küchenfertig im Tiefkühlregal und auf manchem Etikett steht gar wieder Broiler. Aber die Vorbereitung, die will schon gelernt sein. Auf die richtige Art, die Broiler zu stecken, kommt es an. Dieter Heck schwört auf die alt hergebrachte Methode, die schon zu Beginn der Hähnchenkarriere in den Broilerbars praktiziert wurde:

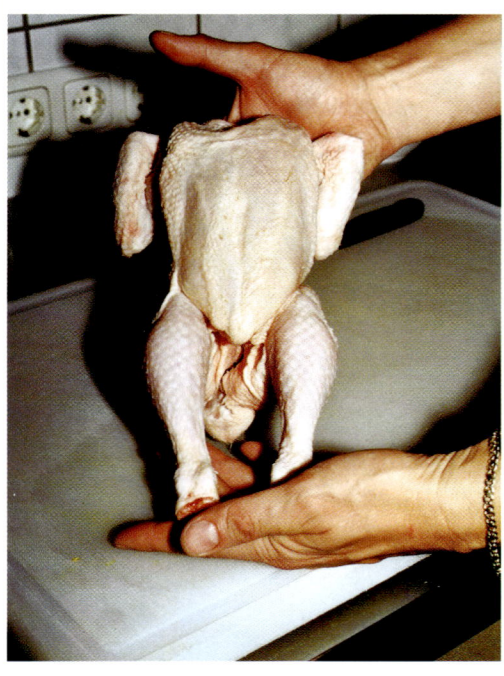 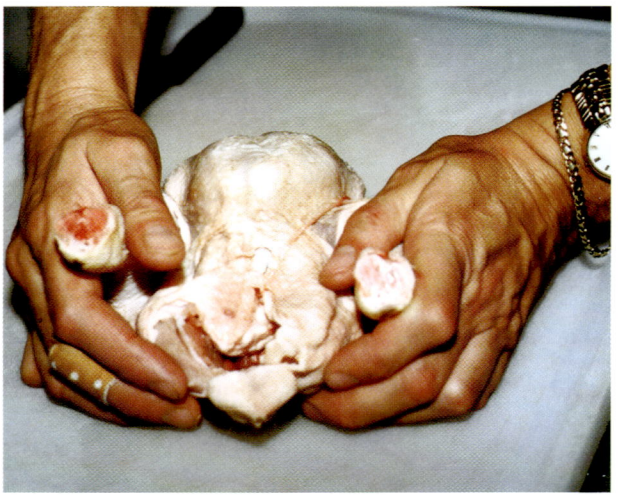

1. Der Broiler (auf festes, unverletztes Fleisch achten) wird gewaschen und trockengetupft.
2. Vor dem Stecken und Würzen wird das Hähnchen vorbereitet; als erstes werden die Schenkel nach hinten gedrückt.

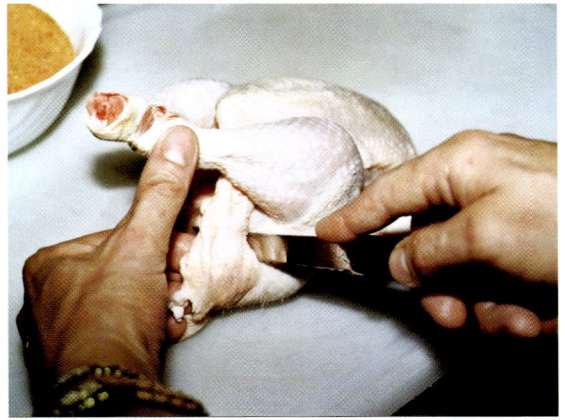

3. Der Broiler wird eingeschnitten...

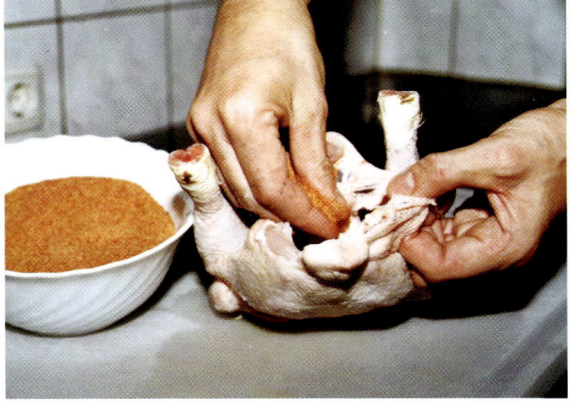

4. und von innen und außen kräftig gewürzt

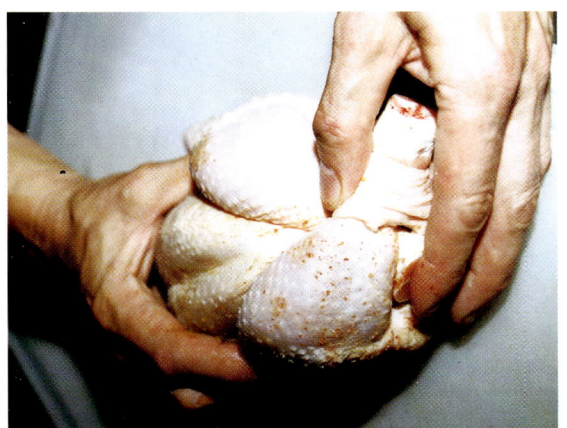

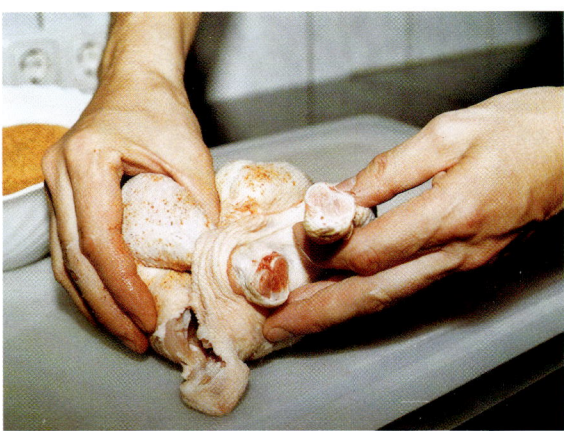

5. Der Broiler wird gesteckt; dazu werden die Schenkel über Kreuz durch die vorher einge-
schnittenen Hauttaschen geschoben. So kommt der Broiler in Form und behält sie.

So vorbereitet und nochmals von außen gewürzt kommt der Broiler schließlich in den Grill, wo er - sich langsam drehend - in etwa 60 Minuten zum leckeren Goldbroiler wird.

In Dieter Hecks Erfurter Goldbroilerbar wird er dann stilecht auf Originalgeschirr mit Max-und-Moritz-Motiv und Rohkostsalat serviert. Dazu gibt es Pommes oder Kartoffelsalat, Brötchen oder Brot – und jede Menge nostalgischer Erinnerungen. Die verdankt der Chef nicht zuletzt vielen rührigen und engagierten Erfurtern. Ein kleiner Zeitungsaufruf war Auslöser einer riesigen Sammelaktion: Speisekarten, Originalgeschirr, Grundrisse, Baupläne, Bildmaterial und vieles mehr stapelt sich nun in der neuen „Goldbroilerbar" und ist vielleicht der Grundstock für ein originalgetreu wieder aufgebautes Goldbroiler-Restaurant.

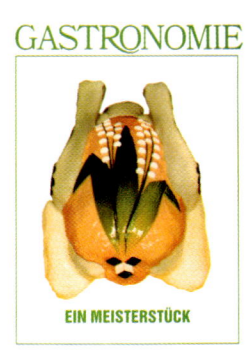

Stammgäste und Freunde des Thüringer Broilerkönigs träumen davon nicht weniger als der Meister selbst. Kommt die Sprache auf dieses neue Ziel, gerät Dieter Heck ins Schwärmen. Selbst die Pläne für die damalige Möblierung hat er aufgetrieben. Vor allem aber freut er sich über eine ganz besondere Gabe. Als 1970 die „Goldbroilerbar" in Erfurt öffnet, ziert sie ein Wandfries auf Holztafeln des Grafikers Johannes Rothe. Der heutige 74-jährige Künstler,

der im sächsischen Meerane lebt, hat es sich nicht nehmen lassen, die Originalholztafeln persönlich in die Hände von Dieter Heck zu geben. Und wenn alles nach Wunsch ver-läuft, werden sie eines Tages wieder in einem großen Er-furter Goldbroiler-Restaurant ausgestellt sein - ganz wie in alten Zeiten.

Aus Indien kam vor lan- gen Zeiten, das Hühner Volk in unsere Breiten

selten fett – weshalb man ihn hier essen tät. Ein guter Hahn wird

58

Geflügelspieße

500 g Broilerbrust,
Pfeffer, Edelsüßpaprika,
Basilikum, Thymian,
1 Salatgurke, 6 Zwiebeln,
6 Tomaten, 125 g Speck,
2 Essl. Öl, Salz

Das Fleisch in gleich große Stücke schneiden und würzen.
Fleischstücke abwechselnd mit Gurkenstücken, Zwiebel- und Tomatenvierteln und
Speckscheiben auf Spieße stecken. Mit Öl bepinseln und grillen.

Indische Broilerspieße

500 g Geflügelbrust,
1 Becher Joghurt (Natur),
je 1 Teel. Chilipulver und Kurkuma,
je 1 Teel. Kreuzkümmel und Koriander (gemahlen),
1 Teel. frischer, geriebener Ingwer,
1 Knoblauchzehe

Das Brustfleisch in dünne Streifen schneiden und zieharmonikaartig auf Spieße stecken.
Joghurt und Gewürze gründlich verrühren. Die Spieße in eine flache Schale legen (kein
Metall) und die Joghurt-Würzmischung darübergeben. Mehrere Stunden (am besten
über Nacht) marinieren. Auf leicht gefettetem Rost grillen.

Diese Hähne stehen im Wettbewerb

„Die meisten Leute halten fest an althergebrachten Hühnergerichten: Frikassee, Hühner-suppe, Brathähnchen", bedauert die Verbraucherzeitschrift „Guter Rat" von 1976. „Dabei bieten sich hunderterlei Möglichkeiten an, den beliebten Vogel zuzubereiten, mit Kräutern, Gewürzen, Wein, Sahne und vor allem mit viel Gemüse", werden die interessierten Leser auch zugleich belehrt. „Im Sommer, wenn es Tomaten, Paprika, Bohnen, Pilze und Zwiebeln gibt, sollten Sie einmal ein vielversprechendes Sommerhuhn auf den Tisch bringen", empfiehlt die Redaktion und klärt die wissbegierigen Leser auf : „Hüten Sie sich jedoch davor, weder das Gemüse noch den Vogel totzukochen. In der Regel haben wir es heutzutage mit gefro-renen Broilern zu tun. Und die sind alles andere als zäh. Fachleute meinen, das Fleisch ge-frorener Hühner sei zarter als das frisch geschlachteter…"

60

Dass der Broiler eine Bereicherung des täglichen Speiseangebots ist, merkt der findige DDR-Bürger seinerzeit schnell. Um die Fleischversorgung ist es wahrlich nicht immer zum Besten bestellt. Wer nicht gerade mit der Fachverkäuferin vom HO-Fleischstand verwandt oder wenigstens befreundet ist – na gut, es genügt auch, wenn man irgendwann mal die gleiche Schule besucht hat oder jemanden kennt, der die Verkäuferin kennt oder mit ihr verwandt ist oder... Also, wer alle diese Vorteile nicht hat und dann zu allem Überfluss auch nicht in einer Autowerkstatt arbeitet oder Wohnungen vergibt, der muss sich schon mit Schweinefleisch, bevorzugt durchwachsene Kamm- oder zerrige Schulterstücke, zufrieden geben. Er kann selbstverständlich auch die siebenundneunzigste Variante der Zubereitung von Gehacktem oder von Jagdwurst probieren.

Oder sich dem Broiler zuwenden!

Zumindest anfänglich liegen die mit KIM-Aufdruck versehenen Tiefkühlvögel in den Kühltruhen der Kaufhallen und sind ganz ohne „Vitamin B" zu erstehen. Kochbuchverlage und Zeitschriften, Fernsehkoch und Mund-zu-Mund-Propaganda sorgen für abwechslungsreiche Rezepte. 1975 werden pro Kopf immerhin mehr als 7 kg Geflügelfleisch jährlich verbraucht (zum Vergleich: Fleisch gesamt 67,4 - 70,1 kg). Ende der 50er Jahre, in den Zeiten vor Broiler und KIM, waren es nicht einmal 2 kg. Der knusprige Vogel hat sich seinen festen Platz in den Speiseplänen erobert. Vielleicht auch, weil es längst in allen großen Städten jene „Goldbroilerbars" gibt, die das Tier unsterblich gemacht haben. In Spitzenzeiten kamen zum Beispiel am Erfurter Anger bis zu 90 Essen zugleich an den Ausgabeschalter. Monatsumsätze von mehr als 450.000 Mark waren in der Saison keine Seltenheit. Wohlgemerkt, bei einem Stückpreis von durchschnittlich unter 5 Mark. Wenn das keine Erfolgsstory ist!

Broiler-Paprikasch

4 Broilerbrüste,
3 Zwiebeln,
2 Essl. Margarine,
1 Teel. Weizenmehl,
reichlich 1/2 l Geflügelbrühe,
4 große Gemüsepaprika,
Salz,
1 Teel. gemahlener Kümmel,
2 Teel. Paprika (scharf),
1 Teel. Oregano (oder Majoran),
1/16 l saure Sahne, 1 Bund Petersilie,
600 g geschälte Kartoffeln

Broilerbrüste entbeinen. Broilerfleisch in Würfel schneiden, mit Mehl bestäuben, in der erhitzten Margarine unter öfterem Umwenden anbraten, grob gehackte Zwiebeln, Gewürze und etwas Geflügelbrühe zugeben, einkochen lassen und wieder Brühe zugeben.
Dies wiederholen, mit Geflügelbrühe und gewürfeltem Paprika gar schmoren, mit Zitronensaft abschmecken.
Mit saurer Sahne und gehackter Petersilie anrichten.

63

Broiler à la Kurt Drummer

1 Broiler,
Salz, Pfeffer, Paprika,
1 Zitrone, 1 Bund Petersilie,
3 Zwiebeln, 2 Essl. Öl,
1/4 l Apfelsaft,
3 marinierte Paprikafrüchte,
1/4 l gesäuerte Milch,
1 Apfel, 1 Essl. Mehl

Den gut gewaschenen Broiler in 8 Stücke zerteilen (je 4 Brust- und Keulenstücke), in eine Schüssel legen, mit Salz, Pfeffer und 1 Esslöffel Paprika würzen, mit dem Saft der Zitrone beträufeln, die gewiegte Petersilie, eine in dünne Scheiben geschnittene Zwiebel und 1 1/2 Esslöffel Öl untermischen. Die Schüssel zudecken und das Broilerfleisch 24 Stunden kühl gestellt marinieren lassen. Etwa 45 Minuten vor dem Essen das restliche Öl in einer Pfanne erhitzen, die abgetropften Broilerstücke anbraten, die restlichen, in Scheiben geschnittenen Zwiebeln zufügen und 1 Esslöffel Paprika darüberstreuen. Nach und nach mit dem Apfelsaft ablöschen, das Gericht zugedeckt fast gar werden lassen. Kurz bevor das Fleisch weich ist, die in Streifen geschnittenen Paprikafrüchte zugeben und alles völlig garen. Mit Salz und Pfeffer abschmecken, zuletzt den würzigen Bratensaft mit einer Mischung aus Milch, geriebenem Apfel und Mehl binden.

Hähnchen Cacciatora

1 Tasse in Würfel geschnittene
Zwiebeln,
1 Tasse Öl,
1 Broiler (etwa 1200 - 1500 g),
5 Tomaten,
1 Tasse Brühe,
150 g in Scheiben geschnittene
Champignons oder andere Pilze,
2 Paprikaschoten,
1/2 Teel. Thymian,
Salz, Pfeffer,
1 Tasse Weißwein

In einer Kasserolle die Zwiebeln mit der Hälfte
des Öls glasig dünsten, auf einem Teller abstellen. Das restliche Öl in die Kasserolle geben,
das in etwa 10 Stücke zerteilte, gut gesalzene und gepfefferte Huhn von allen Seiten braun-
braten. Überflüssiges Öl abschöpfen, die Zwiebeln zurück in die Kasserolle, dazu die geviertelten Tomaten, die geputzten, gewürfelten Paprikaschoten, die Pilze und den Thymian
geben. Alles bei kleiner Flamme 10-15 Minuten leicht schmoren lassen. Dann Weißwein zugießen, die Kasserolle schwenken, damit sich die Zutaten vermischen können.
Zugedeckt bei kleiner Flamme nochmals 30 Minuten leicht kochen lassen.
Die Soße abschmecken, das Gericht mit Reis servieren.

Broilerbrust mit Basilikumfüllung

 4 Hähnchenbrustfilets (à 125 g),
 30 g Pinienkerne (oder geschälte Mandeln),
1 großes Bund Basilikum,
2 Knoblauchzehen, Salz,
1 Essl. geriebener Parmesan,
2 Essl. Olivenöl,
schwarzer Pfeffer,
1 kg Tomaten,
2 Zwiebeln

Die Hähnchenbrustfilets kalt abbrausen, trockentupfen und mit einem scharfen Messer in jede Brust eine tiefe Tasche schneiden. Die Pinienkerne in einer Pfanne ohne Fett unter Rühren goldbraun rösten und abkühlen lassen. Das Basilikum abbrausen, trocken schütteln, die Blättchen abzupfen und grob hacken, den Knoblauch schälen und eine der Zehen sehr fein hacken. Das Basilikum mit den Pinienkernen, dem gehackten Knoblauch und dem Salz in einem Mörser oder in der Schlagmühle zu einer geschmeidigen Paste verarbeiten. Dann den Parmesan mit 1/2 Esslöffel Olivenöl untermischen und alles mit schwarzem Pfeffer abschmecken. Die Kräuterpaste gleichmäßig in die vorbereiteten Hähnchenbrustfilets füllen und die Filets jeweils mit einem oder zwei Zahnstochern verschließen. Auf jeder Seite mit Salz und Pfeffer würzen.

1 Esslöffel Olivenöl in einer Pfanne erhitzen und das Fleisch auf jeder Seite bei mittlerer Hitze 5 – 8 Minuten braten.
die Tomaten kreuzweise einritzen, heiß überbrühen, häuten und würfeln. Die Zwiebeln schälen und mit dem restlichen Knoblauch fein hacken.
Das übrige Öl in der Pfanne erhitzen und Zwiebeln und Knoblauch darin glasig werden lassen. Die Tomaten zugeben und 3 – 5 Minuten erhitzen. Alles mit Salz und Pfeffer abschmecken.
gefüllten Hähnchenbrüste auf den Tomatenwürfeln servieren. Dazu schmecken Reis, Pasta oder Backkartoffeln.

Broiler im Gemüsebett

2 Broiler von je 1000 g,
Salz, Paprika (edelsüß),
weißer Pfeffer aus der Mühle,
50 g Butterschmalz,
750 g kleine Kartoffeln,
150 g mild geräucherter, durchwachsener Speck
250 g Schalotten,
1/8 l Hühnerbrühe,
6 Essl. trockener Weißwein,
1 Bund glatte Petersilie,
4 cl Weinbrand

Die gewaschenen, abgetrockneten und gewürzten Hähnchen im heißen Butterschmalz in einem Bräter rundherum etwa 10 Minuten kräftig anbraten. Die geschälten Kartoffeln längs vierteln, den Speck fein würfeln, die Schalotten schälen. Alles um die Hähnchen legen, mit Brühe und Wein begießen und zugedeckt im auf 200 Grad vorgeheizten Backofen auf der mittleren Schiene 40 – 50 Minuten schmoren. Dann ohne Deckel weitere 5 – 10 Minuten nachbraten. Das Gemüse auf einer Platte anrichten und mit gehackter Petersilie bestreuen. Die Hähnchen halbieren, auf das Gemüse legen, mit Weinbrand begießen, diesen anzünden und ausbrennen lassen.

Geflügel-Pizza

1 Paket tiefgefrorener Hefeteig oder
1 Backfertigmischung für Pizzateig,
200 g gekochter Schinken,
200 g Broilerbrust (auch bereits
gebratene), Öl,
1 Zwiebel,
je 60 g Mais, Erbsen, Möhren
(alles Konserve, abgetropft),
60 ml Rotwein,
Tomatenmark, Pfeffer,
60 g Paprika, Oregano,
60 g rote oder gelbe Paprikafrucht,
100 g Tomaten,
60 g Reibekäse

Den Teig nach Packungsanleitung vorbereiten. Für den Belag Schinken und Broilerbrust in Streifen schneiden und in heißem Öl kurz anbraten. Mit Rotwein ablöschen. Kleingeschnittene Zwiebel, Mais, Erbsen, Möhren und Paprikastreifen zugeben und andünsten. Den ausgerollten Teig mit Tomatenmark bestreichen, mit Pfeffer, Paprika und Oregano bestreuen. Den angedünsteten Belag und Tomatenviertel oder -scheiben darauf verteilen, den Reibekäse darüberstreuen und im vorgeheizten Ofen bei schwacher Mittelhitze ca. 30 Minuten backen. Heiß mit frischem Salat servieren.

Broiler in Alufolie

1 Broiler,
1 Bund Petersilie,
2 - 3 Essl. Butter,
1 kleine Zwiebel,
1 Zitrone,
Salz, Pfeffer,
Edelsüßpaprika, Senf,
Zucker,
Öl zum Bestreichen

Den Broiler innen leicht mit einer Mischung von Salz, Pfeffer und Paprika einreiben und die gut gewaschene Petersilie in den Rumpf geben. Die Butter schaumig rühren, 1 Teelöffel Senf, die geriebene Zwiebel, Zitronensaft, Salz, Edelsüßpaprika und eine Spur Zucker dazugeben und alles gut verrühren. Mit dieser würzigen Buttermischung den Broiler von außen bestreichen und auf ein entsprechend großes Stück Alufolie, die dünn mit Öl eingepinselt wurde, setzen. Die Foliekanten nach oben falzen, damit der Fleischsaft nicht auslaufen kann, und den Broiler in einer Bratpfanne ohne Fett bei ca. 230° C in der Röhre garen.
Den fertigen Broiler auf eine Platte legen, die Alufolie entfernen und das Huhn mit seinem natürlichen Saft und zartem Gemüse oder Salat und Weißbrot servieren.

Gemüse-Broiler

1 Broiler (etwa 1500 g),
200 g Schinken oder Schinkenspeck,
1 kleine Zwiebel (gehackt),
Öl zum Braten,
Brühe zum Auffüllen,
1/8 l Sahne
1 Eigelb,
1 1/2 Teel. Stärkemehl,
1 Paket tiefgefrorene Erbsen,
Petersilie, Dill,
Zitronensaft

Den Broiler innen mit Salz ausreiben und
mit dem Schinken oder Schinkenspeck füllen.
In heißem Fett ringsum kräftig anbraten. Die klein gehackte Zwiebel zugeben, heiße Brühe
auffüllen und zugedeckt gar schmoren. Das Fleisch herausnehmen und warm halten.
Sahne und Stärkemehl verrühren, die Soße damit binden, mit Eigelb abziehen und mit Salz
und ein wenig Zitronensaft würzen. Die jungen Erbsen garen, gut abgetropft in der Soße
erhitzen und das in beliebig große Stücke geschnittene Geflügelfleisch mit Schinken darauf
anordnen. Mit Petersilie oder Dill bestreuen und zu Butterreis servieren.
Anstelle der Erbsen lässt sich Mischgemüse verwenden.

Coq au vin

1 Broiler (etwa 1500 g),
Salz, Pfeffer, Mehl,
5 Essl. Margarine,
1/8 l Weinbrand,
1-11/4 Flasche Rotwein,
1/2 Teel. Majoran, Thymian,
1 Teel. Petersilie,
4 Zwiebeln,
150g Champignons oder andere Pilze,
4 Scheiben Speck,
getoastetes Weißbrot

Den Broiler in 12 Stücke teilen, diese in Mehl wälzen und in einer Metallpfanne mit Margarine anbräunen, mit Salz und Pfeffer würzen. Den erhitzten Weinbrand darübergießen und anzünden. Wenn die Flamme heruntergebrannt ist, so viel Rotwein dazugießen, dass die Broilerstücke bedeckt sind, Majoran, Thymian und gewiegte Petersilie zufügen, leicht kochen lassen, bis das Fleisch weich ist. 20 Minuten vor dem Essen die Zwiebeln vierteln, die Champignons in Scheiben und den Speck in Würfel schneiden. Den Speck in einer Pfanne ausbraten, die geviertelten Zwiebeln zufügen und bräunen, Pilzscheiben darin garen, würzen. Getoastete Weißbrotscheiben auf eine Platte legen, das Speck-Zwiebel-Gemisch darauf geben, darüber die Hühnerstücke verteilen, Weinsauce darübergießen.

Hähnchen mit Parmesankruste

4 Hähnchenbrustfilets
(ca. 500 g),
Salz und Pfeffer,
1 Ei,
4 Essl. Semmelbrösel,
5 Essl. geriebener Parmesan,
2 Essl. Butterschmalz

Von den Hähnchenbrustfilets Sehnen
und Haut wegschneiden. Jedes Filet quer
halbieren, so dass 8 dünne Schnitzel entstehen.
Das Fleisch leicht salzen und pfeffern.
Das Ei in einem Suppenteller verquirlen.
Auf einem zweiten Teller die Semmelbrösel mit dem Parmesan mischen.
Das Hähnchenschnitzel nacheinander erst in Ei, dann in der Parmesanmischung wenden.
Das Fleisch im erhitzten Butterschmalz von jeder Seite ca. 5 Minuten goldgelb braten.
Dazu Gemüsereis servieren.

73

Pollo tonnato

4 Hähnchenbrustfilets ohne Haut,
Salz, 2 Essl. Öl,
1 Dose Thunfisch im eigenen Saft (150
g Abtropfgewicht),
100 g Schmand,
4 Teel. Kapern, in Essig eingelegt,
3 Essl. Zitronensaft,
Pfeffer,
Kapern zum Bestreuen

Das Hähnchenfleisch waschen,
trockentupfen und rundherum salzen.
In Öl von jeder Seite ca. 7 - 8 Minuten braten.
Den Thunfisch abtropfen lassen. Mit Schmand, abgetropften Kapern und Zitronensaft
pürieren. Mit Salz und Pfeffer abschmecken. Das Hähnchenfleisch in dünne Scheiben
schneiden und auf einer Platte anrichten. Die Thunfischsoße darüber verteilen und mit einer
Frischhaltefolie bedeckt mindestens 1 Stunde im Kühlschrank durchziehen lassen.
Das Pollo tonnato mit Kapern bestreuen und mit frischem Weißbrot servieren.

Hähnchen-Lauch-Pie

50 g Butter,

2 große Stangen Lauch (gewaschen und in feine Ringe geschnitten),

4 Frühlingszwiebeln (in Ringe geschnitten),

1 Knoblauchzehe (zerdrückt),

30 g Mehl,

375 ml Hühnerbrühe,

125 ml Sahne,

1 mittelgroßer gegrillter Broiler (feingehackt),

2 Rollen Blätterteig (tiefgefroren),

4 Essl. Milch

Backofen auf 200°C vorheizen. Butter in einem Topf zerlassen, Lauch, Frühlingszwiebeln und Knoblauch zugeben. Bei geringer Hitze 6 Minuten dünsten, bis der Lauch gar, aber nicht braun ist. Mit Mehl bestäuben und unterrühren. Nach und nach die Brühe zugießen. Unter stetem Rühren kochen, bis die Mischung sämig ist. Sahne und Hähnchenfleisch einrühren. Die Mischung in eine flache Pie-Form mit 20 cm Durchmesser geben und abkühlen lassen. Die Hälfte des Blätterteigs für den Teigdeckel rund ausrollen. Ein wenig Milch auf den Rand pinseln. Teig auf die Form legen und gut andrücken. Überstehende Teigreste mit einem Messer abschneiden und in den Rand mit dem Zinken einer Gabel ein Muster drücken. Dann die zweite Hälfte Blätterteig rechteckig ausrollen und in 1 cm breite Streifen schneiden. Jeden Streifen zu einer lockeren Schnecke aufrollen. Die Schnecken von der Mitte aus auf dem Teigdeckel verteilen und mit einem Spieß einstechen, damit Dampf entweichen kann. Den Teigdeckel dünn mit Milch bestreichen.

25 - 30 Minuten backen, bis der Pie goldbraun ist.

Apfelhähnchen im Mantel

250 g saure Äpfel,
4 cl Apfelkorn,
2 Essl. Magerquark,
2 Eier,
Pfeffer, Salz,
150 g Gehacktes (halb und halb),
1 Broiler,
4 Essl. Öl,
1 Packung gefrorener Blätterteig

Die Äpfel schälen, ausstechen und vierteln. In feine Streifen schneiden und mit dem Apfelkorn einige Stunden marinieren. Den Magerquark zum Gehackten geben und mit dem Ei vermischen. Die marinierten Apfelstreifen untermengen, mit Salz und Pfeffer abschmecken. Das bratfertig vorbereitete Hähnchen damit füllen und zunähen. Mit Salz und Pfeffer würzen, im heißen Öl in der Bratröhre unter öfterem Wenden und Begießen braten. Wenn es gar ist, herausnehmen und abkühlen lassen. Die Fäden vom Zunähen entfernen. Blätterteig auftauen lassen und ausrollen, das Hähnchen daraufsetzen und in den Teig einschlagen. Die Ränder mit Eiweiß bestreichen, oben eine Öffnung von 2 cm Durchmesser lassen, damit der Dampf entweichen kann. Das Hähnchen auf ein befeuchtetes Backblech setzen, mit dem verquirlten Ei bestreichen. Im vorgeheizten Ofen ca. 20 Minuten bei 200° C goldgelb backen. Im Mantel servieren und am Tisch tranchieren.

Flammendes Festtagshähnchen

400 g gebratene Hühnerbrust,
1 Broiler,
2 Essl. Öl,
75 g Butter,
150 g Aprikosen (auch als Konserve),
1 Teel. Senf,
4 Essl. Kondensmilch,
50 g Mandeln,
4 Essl. Weinbrand,
Salz, Pfeffer,
Glutamat, Paprika

Den Broiler innen und außen mit Salz, Glutamat, Pfeffer und Paprika einreiben und in einer Mischung aus Öl und einem Teil der Butter anbraten. Nach dem Bräunen allmählich etwas Wasser zugießen und den Broiler unter häufigem Begießen schön braun braten. Den fertigen Broiler in Portionsstücke teilen, nach Möglichkeit auslösen und warm stellen. Die Aprikosen feinhacken oder im Mixer pürieren und in etwa 50 g Butter in einem breiten Gefäß erhitzen, Senf zugeben und mit dem durchgeseihten Bratensatz auffüllen, mit Kondensmilch verfeinern. Die Fleischstücke in der Aprikosensoße nochmals erhitzen. Die gehackten Mandeln in einer Pfanne goldgelb rösten, mit erwärmtem Weinbrand übergießen, anzünden und das brennende Mandel-Weinbrand-Gemisch über die Hähnchenstücke geben.
Dazu Reis servieren.

Orangenhähnchen mexikanische Art

1 Broiler,
Salz, Pfeffer,
3-4 Essl. Butter,
1 Zwiebel,
Knoblauch,
2 Essl. Mandeln,
4 Apfelsinen,
1 Essl. Sultaninen,
Nelken, Zimt

Den Broiler in 4 Brust- und Keulenstücke teilen, nach Möglichkeit auslösen und mit Salz und Pfeffer würzen, in Butter anbraten. In das Bratfett die feingeriebene Zwiebel und etwas Knoblauch geben, die gehackten Mandeln darüberstreuen, alles gut durchschwitzen lassen und nach einer Weile mit dem Saft von 2 Apfelsinen ablöschen. Mit 1 Teel. abgeriebener Apfelsinenschale, 2 Gewürznelken und einer Spur Zimt würzen, die gutgewaschenen, in einer Tasse warmem Wasser geweichten Sultaninen dazugeben und die Broilerstücke, die man nach Bedarf noch mit etwas Wasser auffüllt, unter häufigem Begießen ziehen lassen. Das fertige Gericht mit Scheiben der restlichen 2 Apfelsinen garnieren und mit Curry-Reis auftragen.

Broilerbrust in Kokos-Kruste

500 g Hähnchenbrustfilet,
1 Ei, Salz, Pfeffer,
50 g Semmelmehl,
Kokosraspel,
Mehl,
Margarine,
1 Apfelsine

Die Hähnchenbrustfilets waschen
und trockentupfen. Das Ei mit den
Gewürzen verquirlen, auf einen Teller
geben. Semmelbrösel und Kokosraspel
auf einem zweiten Teller vermischen, das Mehl
auf einen dritten Teller sieben. Die Broilerbrüste zuerst in Mehl wenden, dann durch die
Ei-Würzmischung ziehen und zuletzt in der Semmelbrösel-Kokos-Mischung wenden. Margarine
erhitzen und das vorbereitete Fleisch von beiden Seiten kurz anbraten, dann bei schwacher
Hitze fertig garen. Mit Apfelsinenscheiben garnieren.
Dazu Reis und frischen Salat servieren.

79

Broiler „Winzerin"

je 2 Broilerkeulen und -brüste,
Salz, Pfeffer, Rotwein,
2 altbackene Brötchen,
1 Eiweiß,
2 kleine Zwiebeln,
250 g Weintrauben,
1/4 l Weißwein,
3 Eigelb,
1/2 l Sahne

Die Keulen eines Broilers ohne Knochen zweimal durch den Fleischwolf drehen. Mit Salz, Pfeffer und Rotwein abschmecken. Eiweiß und eingeweichte Brötchen, die ausgedrückt wurden, zufügen und alles durchkneten. Aus dieser Masse kleine längliche Klopse formen, in deren Mitte 2 Weintrauben gedrückt werden. In der Zwischenzeit die Broilerbrüste mit den zerkleinerten Zwiebeln und den restlichen Weintrauben, die von der Haut befreit, halbiert und entkernt wurden, in wenig Fett andünsten. 15 Minuten später die länglichen Klopse mitdünsten und mit Weißwein auffüllen. Wenn die Klopse an der Oberfläche schwimmen, sind sie gar und können herausgenommen werden. Die Eigelb mit der Sahne verrühren und unter ständigem Rühren bei kleiner Flamme langsam in die Soße gießen, bis diese cremeartig gebunden ist. Teigwaren oder Spätzle passen am besten dazu.

Broiler á la Strindberg

2 Broilerbrüste und -keulen,
Salz, Pfeffer,
1 Essl. Meerrettich,
1 Essl. Senf,
2 große Zwiebeln (gehackt),
Mehl, 1 Ei,
Fett zum Braten

Von Broilerbrüsten und Keulen die
Knochen auslösen. Darauf achten,
dass das Fleisch nicht einreißt.
salzen, pfeffern, mit geriebenem
Meerrettich bestreuen, Senf aufstreichen und je
25 g gehackte Zwiebeln auflegen und festdrücken. Vorsichtig in Mehl wenden und in
geschlagenes Ei tauchen. Fett in der Pfanne heiß werden lassen und die belegte Seite zuerst
braten. Wenn sie goldgelb ist, das jeweilige Fleischstück vorsichtig auf die andere Seite
drehen und gut durchbraten.
Dazu Bratkartoffeln und Tomatensalat reichen.

Pfefferhähnchen in Gurkensoße

1 Broiler,
2 Essl. Öl,
Glutamat, Pfeffer,
1 Essl. Butter,
1 Zwiebel,
1 mittelgroße grüne Gurke,
1 Essl. Tomatenmark,
1 Glas Weißwein,
200 g Joghurt,
1 Essl. Mehl,
Salz

Den Broiler in je 2 Brust- und Keulenstücke teilen, dünn mit Öl bestreichen, mit Salz, Glutamat, und Pfeffer würzen und zugedeckt etwa 20 Minuten stehenlassen. Das so vorbereitete Geflügel in einer Mischung aus Öl und Butter von allen Seiten knusprig braten, erst dann die geriebene Zwiebel und die ohne Kerngehäuse in grobe Würfel geschnittene grüne Gurke dazugeben. Die Gurkenwürfel kräftig mit Pfeffer würzen, alles zugedeckt einige Zeit dünsten lassen, das Tomatenmark und den Weißwein zugießen und das Gericht fertig garen lassen. Joghurt und Mehl verrühren, zur Soße geben, kurz aufkochen lassen und gegebenenfalls noch einmal mit Salz und Pfeffer abschmecken. Mit Butterreis und Blumenkohlsalat anrichten.

Curry-Broiler

1 Broiler (etwa 1500 g)
100 g Margarine,
2 Essl. Currypulver,
2 Stück Ingwer in Zuckersirup
oder 1 Teel. Ingwerpulver,
1 Teel. Mohn, 8 Nelken,
1 Teel. scharfer Paprika,
1/2 l Brühe,
4 Zwiebeln, Salz

Den Broiler in 12 Stücke schneiden und in wenig Margarine kurz anbraten. Das Currypulver und die Hälfte der Gewürze (ohne Paprika) nochmals kurz braten. Unter ständigem Rühren den Paprika und 5 Essl. Wasser zugeben. Die Flüssigkeit einkochen lassen. Salzen und mit der heißen Brühe auffüllen. Danach die Zwiebeln zugeben. Aufkochen lassen und anschließend auf kleiner Flamme langsam köcheln lassen, bis der Broiler fast gar ist. Das Fleisch herausnehmen. Die Flüssigkeit auf etwa die Hälfte einkochen lassen, dann das Fleisch wieder zugeben. Den Rest des Currypulvers und die andere Hälfte der zerstoßenen Gewürze unterrühren. Das Fleisch in einer Kasserolle im Backofen bei mittlerer Hitze zugedeckt gar köcheln.
Dazu schmeckt Reis.

Hähnchen wende dich

Nach der Wende verließ der Broiler das wiedervereinte Deutschland. Selbst aus dem offiziellen Sprachgebrauch verabschiedete er sich. Für ein Weilchen. 1970 war das berühmte Tier noch lexikonwürdig. In Meyers kleinem Lexikon aus Leipzig ist zu lesen: „Broiler (engl. <franz. < germ.) Pl.: Masthühner (Kreuzungstiere) beiderlei Geschlechts; werden in 8 - 10 Wochen 1,2 bis 1,4 kg schwer". Nun wissen wir zwar, dass Broiler immer nur Hähne sind. Aber auch ein Lexikon kann irren. Deshalb muss das arme Vieh doch nicht gleich aus den offiziellen Nachschlagewerken eliminiert werden. Aber genau dies geschieht. Brockhaus von 1994 Fehlanzeige. Die Bertelsmann Lexikothek verzeichnet jedoch unter Broiler schon „engl. für Brathähnchen, besonders in der DDR gebräuchlich". Und auch im neuen Duden ist unser Vogel wieder auferstanden. Zwischen Brodler und Brokat steht er, der Broiler „regional für Hähnchen zum Grillen". Übrigens hat sich ostdeutscher Sprachgebrauch unter anderem auch mit „Datsche", „Soljanka" und „Wurzelwerk" verewigt. Selbst der „Offenstall" und das „Kollektiv" sind zu finden. Schade nur, dass die „Spätverkaufsstelle" dem Laden-schlussgesetz weichen musste.

84

aufgelegt

„Im Interesse einer gesunden Ernährung werden in Zukunft immer mehr fettarme, eiweiß-reiche und leicht verdauliche Nahrungsmittel benötigt. Die Produkte der Geflügelwirtschaft, vor allem Broilerfleisch und Eier, sind hervorragend geeignet, die Forderungen der modernen Ernährungswissenschaft zu erfüllen", preist ein Werbeheftchen von KIM Ende der 70er Jahre die Vorteile der eigenen Produkte. Nährwerttabellen und Kalorienempfehlungen finden sich in jenen Jahren in fast jedem Rezeptheft.

Eine neue Kampagne beglückt das Land - statt Fisch oder Eiern ist es nun die „Gesunde Er-nährung" an sich. Ärzte, Ernährungswissenschaftler und der „Blick ins Leben" hatten Partei- und Staatsführung überzeugt: Der DDR-Bürger an sich ist zu dick und zu oft krank.

Mit magerem Schweine- oder Rindfleisch konnten die Schlachtbetriebe nur bedingt dienen. Das beste – so weiss der gelernte DDR-Bürger bis heute – wurde ohnehin exportiert. Die Rettung in der Not hieß wieder einmal KIM. „Eine nach wissenschaftlichen Erkenntnissen ausgerichtete Ernährung fordert ein mageres und kalorienarmes Fleisch. Die Bereicherung unserer Ernährung durch die Produktion von Broilern entspricht diesen Forderungen". Gut zu wissen, dass die Gerichte nicht so trocken schmecken, wie sich dies liest.

Nicht zu unterschätzen auch der Vorteil, dass sich Geflügelfleisch selbst dann noch in ein leckeres Gericht verwandelt, wenn es eigentlich nur der Rest vom Mittagessen oder vom schnellen Imbiss unterwegs ist. Rezepte hierfür finden sich mehr als genug. Zumal damals wie heute auch Keulen, Brüste und Geflügelklein im Angebot waren. Hinzu kam eine beliebte Spezialität der KIM-Betriebe: der Kassler-Broiler. Wie die frisch gegrillten Broiler aus der „Bar" um die Ecke ließ sich das gepökelte, geräucherte und gegarte Fleisch ohne großen Aufwand und eigene Mühe weiterverarbeiten.

Dazu die richtige Rohkost-Beilage und das Essen war perfekt.

Kassler-Broiler mit Apfel-Zwiebel-Gurken-Gemüse

200 g gegarter Kassler-Broiler
(ausgelöst),
Öl zum Braten,
1 Zwiebel (in Scheiben
geschnitten),
150 g Apfelstücke,
100 g grüne Gurke (in Stücke
geschnitten),
Rotwein

Kassler-Broiler gibt es wieder in Supermärkten
oder bei einigen Fleischern in den neuen Bundesländern.
Das Fleisch vom Knochen lösen, in grobe Stücke schneiden und in Öl anbraten. Die
Zwiebelscheiben zugeben, anschwitzen. Apfel- und Gurkenstücke zufügen, mit Rotwein
ablöschen und etwa 15 Min köcheln lassen.
Der Fond kann gegebenenfalls mit etwas Soßenbinder abgezogen werden.
Dazu passen Risotto, Toast oder Kartoffeln.

Spreewälder Salat „Art des Hauses"

Im „Goldbroiler" bei Dieter Heck in Erfurt gibt es zum Original Goldbroiler "Braumeister Art" (Rezept auf Seite 44) den Spreewälder Salat "Art des Hauses". Hier das Rezept:

400 g Zwiebeln,
2 Netze Paprika - Mix,
1 grüne Gurke, Dill,
weißer Pfeffer,
Zucker, Zitronensaft,
Knoblauchgranulat,
1 Glas Spreewälder Senfgurken,
Sonnenblumenöl

Die Zwiebeln halbieren, in Ringe schneiden, die Gurke mit Schale in Streifen schneiden, ebenso die Paprika, das Glas gewürfelte Senfgurken dazu geben und alles vermengen. Das Ganze mit weißem Pfeffer, reichlich Zitronensaft, etwas Knoblauchgranulat, 3-4 Eßlöffeln Zucker und fein gehacktem Dill würzen, gut durchmengen und zu Schluß Sonnenblumenöl hinzugeben.

Die Klassiker: Rot- und Weißkrautsalat

1 kleiner Kopf Rotkraut,
1/4 l Apfelsaft, 2 Äpfel,
3 Gewürzkörner, Essig,
3 Essl. Öl, Rotwein,
Mandeln

Das Rotkraut feinstreifig schneiden. Den Apfelsaft mit Salz, Zucker, Gewürzkörnern und Essig nach Geschmack aufkochen. Das Rotkraut knapp gar dünsten, vom Feuer nehmen, geschälte Äpfel, einen Schuß Rotwein und Öl unterrühren.
Den Salat mit gehackten Mandeln bestreuen.

250 g Weißkraut,
Salz, Zitronensaft,
2 Äpfel, 3 Tomaten,
1 kleine Zwiebel,
2 Essl. Öl,
gehackter Dill oder Petersilie

Das gehobelte Weißkraut salzen, säuern, mürbe stampfen, mit Apfel- und Tomatenwürfelchen und den übrigen Zutaten vermengen. Anstelle von Öl läßt sich Mayonnaise verwenden. Hartwurstwürfelchen ergänzen diesen Salat sehr gehaltvoll.

Sauerkrautsalat

300 g Sauerkraut,
1 geriebene kleine Zwiebel,
2 Essl. Öl,
2 Essl. Tomatenketchup,
1/2 Tee. Zucker,
1 Teel. geriebener Meerrettich
oder gehackter Kümmel,
Salz

Das Sauerkraut grob hacken und
mit der fein gehackten Zwiebel
und den übrigen Zutaten locker
vermischen.

Neben der Zwiebel können geraspelte Äpfel, Möhren oder Radieschen zugegeben werden.
Auch kleingeschnittene Südfrüchte, besonders Pampelmusen, eignen sich als Ergänzung
dieser Frischkost. Durch die Zugabe von kleingeschnittenen Pflaumen oder Weinbeeren,
durch ausgelassene Speckwürfelchen, kleingeschnittene pikante Gurke oder gehackte Kräuter
läßt sich dieser sehr gesunde Salat ebenfalls beliebig verändern.

Herzhafte Möhrenfrischkost

500 g Möhren,
Zitronensaft oder 1 Zwiebel,
2 - 3 Essl. Öl, Kräuteressig,
1 Essl. geriebener Meerrettich,
1 Bund gehackte Petersilie,
Zucker nach Geschmack

Die Möhren raspeln. Aus Zitronensaft oder feingeschnittener Zwiebel, Öl, Essig, Salz, Meerrettich, Petersilie und ein wenig Zucker eine Marinade bereiten und die Möhren darin anrichten. Anstelle von Öl läßt sich Mayonnaise oder saure Sahne verwenden. Chicoree ergänzt diese Frischkost ausgezeichnet.

Süßer Möhrensalat

500 g Möhren,
3 Essl. Zucker oder Honig,
Zitronensaft,
2 Essl. geriebene Nüsse,
2 Äpfel, Sultaninen oder Korinthen

Die geraspelten Möhren mit Zucker, Zitronensaft und Nüssen vermischen, kurz durchziehen lassen und die restlichen Zutaten zugeben. Südfrüchte verfeinern den Salat.

91

Bunte Frischkost

200 g Möhren, 100 g Kohlrabi,
3 Blätter Kopfsalat,
6 Essl. saure Sahne oder Joghurt,
1 Teel Zitronensaft
1 Teel. gehackte Kräuter
(Petersilie, Dill, Schnittlauch, Zitonenmelisse)
Salz, Pfeffer, 1 Teel. Zucker

Möhren, Kohlrabi und Kopfsalat zerkleinern, aus den übrigen Zutaten eine Marinade bereiten und zugießen.

Blumenkohlsalat

1 Blumenkohl, 2 große Zwiebeln,
2 Essl. Öl, Zitronensaft oder Essig,
Salz, Pfeffer

Blumenkohl putzen und in mittlere Röschen pflücken. In Salzwasser bissfest garen. Zwiebeln klein hacken. Blumenkohl abgießen und noch warm mit Zwiebeln, Öl, Zitronensaft oder Essig vermengen und mit Salz und Pfeffer abschmecken.

Gurkensalat-Mix

500 g Salatgurke,
150 g Tomaten,
100 g rote Paprikafrüchte,
2 Zwiebeln,
2 Essl. Öl,
1 - 2 Essl. Essig oder Zitronensaft,
2 Essl. fein gehackte Kräuter
(Petersilie, Schnittlauch oder Dill),
Zucker, Salz, Pfeffer,
1 Bund Radieschen.

Die geschälten oder ungeschälten
Gurken fein hobeln, Tomaten in Scheiben,
Paprikafrüchte und Zwiebeln in Streifen schneiden.
Aus Öl, Essig oder Zitronensaft, Kräutern, Zucker, Salz und Pfeffer eine würzige Soße bereiten,
diese mit den anderen Zutaten vermischen. Den Salat in einer Schüssel anrichten und mit
Radieschenrosen garnieren.

aufgespürt

94

Broiler von A - Z

Unser besonderer Dank gilt dem Dokumentationszentrum des
Deutschen Landwirtschaftsmuseums in Markkleeberg, speziell Bernd Schönherr,
der nicht nur Bilder aus dem Archiv zur Verfügung stellte,
sondern auch recherchierte und zu erzählen wusste,
dass für Rezepte beinah kein Platz mehr geblieben wäre.

Dieter Heck bedankt sich darüber hinaus vor allem bei jenen,
die ihm Material, Fotos, alte Speisekarten und Erinnerungsstücke
an die „Goldbroilerbar" in Erfurt übermittelten. Danke!